浣溪沙

莫许杯深琥珀浓，未成沉醉意先融。

疏钟已应晚来风。

瑞脑香消魂梦断，辟寒金小髻鬟松，

醒时空对烛花红。

鹧鸪天·桂

暗淡轻黄体性柔，情疏迹远只香留。
何须浅碧深红色，自是花中第一流。
梅定妒，菊应羞，画阑开处冠中秋。
骚人可煞无情思，何事当年不见收？

庆清朝

禁幄低张，彤阑巧护，就中独占残春。
容华淡伫，绰约俱见天真。
待得群花过后，一番风露晓妆新。
妖娆艳态，妒风笑月，长殢东君。

东城边，南陌上，正日烘池馆，竞走香轮。
绮筵散日，谁人可继芳尘。
更好明光宫殿，几枝先近日边匀。
金尊倒，拼了尽烛，不管黄昏。

一剪梅

红藕香残玉簟秋。轻解罗裳，独上兰舟。
云中谁寄锦书来？雁字回时，月满西楼。
花自飘零水自流。一种相思，两处闲愁。
此情无计可消除，才下眉头，却上心头。

浣溪沙

小院闲窗春色深，重帘未卷影沉沉。
倚楼无语理瑶琴。
远岫出山催薄暮，细风吹雨弄轻阴。
梨花欲谢恐难禁。

殢人娇·后庭梅花开有感

玉瘦香浓，檀深雪散，今年恨、探梅又晚。

江楼楚馆，云闲水远。清昼永，凭阑翠帘低卷。

坐上客来，尊中酒满，歌声共、水流云断。

南枝可插，更须频剪。莫直待，西楼数声羌管。

添字丑奴儿·芭蕉

窗前谁种芭蕉树，阴满中庭。
阴满中庭，叶叶心心，舒卷有余情。

伤心枕上三更雨，点滴凄清。
点滴凄清，愁损北人，不惯起来听。

如梦令

昨夜雨疏风骤。浓睡不消残酒。试问卷帘人，却道海棠依旧。知否，知否，应是绿肥红瘦。

李清照

人生不过一场
绚烂花事

卫淇———

著

湖南文艺出版社
HUNAN LITERATURE AND ART PUBLISHING HOUSE

博集天卷
CS-BOOKY

目录

李清照

人生不过一场绚烂花事

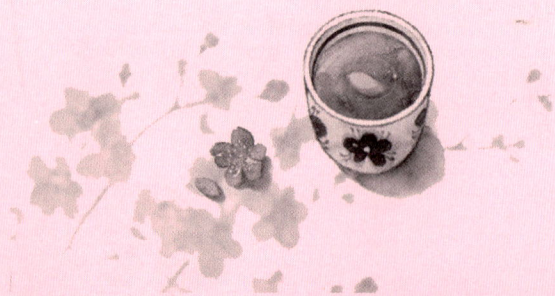

序
一

眉黛浅处的
哀怜与歌

在这个嘈杂的年代，有一本清心的书捧在手心，也是一种幸福。

李清照这个名字对很多人来说都不陌生，不过人们对她的印象也许只是寥寥数首如《声声慢》《一剪梅》《武陵春》《醉花阴》之类的名作，或者还有"婉约之宗"，以及"男中李后主，女中李易安"之类的赞誉。的确，她完全配得上人们赠予的这些桂冠。但是，这并不是她的全部。她不只是一个多愁善感的小女子，她的人与她的词一样，让人且迷恋，且哀怜。

她灵秀聪慧，少有才名，备受时人的嘉许。她亦率真果决，敢爱亦敢言，但这却为她带来了生前身后的种种忌恨与诋毁。她爱花，爱酒，爱这春光般烂漫的人生。但命运只在她手上放了一半的幸福。她的人生，前一半是美满甜蜜，后一半只留给她苦涩流离。

尽管她多才又博学，现实依然如此残酷。她对于太多太多的事情，亦是无能为力。那些眉黛浅处的哀怜与歌，只被她轻轻地别在诗笺之上，留给我们一个帘卷西风时的婉约背影。

从中学时代起，我就为她那些灵动婉转的词所深深折服。但在很久以后，再一次读到她的词时，心中有了别样的感受。原来，初次读到《漱玉词》时的那份惊艳，终究还是肤浅的。

且掬一捧心香，与这不息流转的时光。今天我们来读她的词，应该不只是读那些绝美的词句与意象，更要读的，是她的心。

每每读易安词，总有一种优雅而娴静的印象。在她的词里，几乎看不到生僻的字眼，大多是简单的字句，甚至连口语俗语都被她信手拈来。在她的笔下，这些不起眼的文字仿佛忽然有了生命，有了情感，就如在水一方的伊人，让人倾倒且迷恋。即便是精思巧构，也从不留任何痕迹，她的词，宛如写于水上。千百年来，唯独她有这样的情思与文采，亦只有她才配得上"千古第一才女"的美誉。

点墨，即是她的寸心。易安词里的每一个字，都自有深意。我们不应该只是看到花的美，却忘却了花的香，以及深藏其中生生不息的生命力。我想要探寻的，就是在这些绝妙华章的背后，是怎样的柔婉与多情，又藏着一颗怎样的玲珑词心。

临到要写完这些文字，我终究还是有微微的惶惑与不安。我不知道自己生涩的笔，能否勾勒出她的嫣然轻笑，或是浅黛凝愁；亦不知

眉黛浅处的哀伤与歌

能否拂开历史的迷雾，窥见她那颗至真至纯的心。

我只是希望，所写下的每一个字，都能传递温暖的感觉吧。

此为序。

卫淇

序
二

人
生
几
何
花
烂
漫

李清照是爱花的，她爱花怜花，亦总与花结缘。一本薄薄的《漱玉词》，溢满各样的芬芳，仿佛是四处花开的盛迹。

然而命运于她，宛如一段穿越季节的旅程，从春到夏，又从夏到秋。起先绚烂无比的明媚与美好，终究飘散于悲凉的风中。她原本清澈的眸，亦遮上了挥之不去的阴霾。

所以，她的很多词，都充满了怀念与感伤。人生几何花烂漫？或许是她萦于心中久未吐露的轻叹，亦是让人不得不默然面对的冷峻人生。

李清照生于宋神宗元丰七年（1084年）。这正是北宋王朝最为煊赫繁华的时期，杰出人物灿若繁星，唐宋八大家在当时有三位，司马光也是在这一年将他的史学巨著《资治通鉴》呈给神宗。此时几乎可以说集北宋词人名家之大成，苏轼、秦观、周邦彦、晏几道、贺铸等均在世。她的父亲李格非也颇有文名，其《洛阳名园记》名闻天下。一位聪明灵秀的才女幸遇这文风阜盛而又安乐太平的时代，从而迸发出让人惊叹的才华，也就不甚奇怪了。

少女时代的她是父母的掌上明珠，结缡之后的她是丈夫的倾心挚爱。她几乎拥有女人所能拥有的一切，仿佛就是这世界的宠儿。那时候的她，充满率真与活力，甚至是有些小小张扬。虽然生活免不了小小的波折，但总的来说她还是很幸福的。在汴京，在青州，都是她终身难忘的美好时光。那些时光，曾经宛如梅花灿然开放。所以，我们总能在她早期的词作中读到喜悦、欣然与恬美。那一枝新婚时别于鬓边的嫣红，那一缕月下秋桂的芬芳，那一树庭院中淡淡妆天然样的梅花，还有那一架花下轻轻摇摆的秋千，都是她与花的约定。

可是有一天，这一切美好消失了，就如那个远去的春天，让人慨叹且怀念。靖康二年（1127年），金兵破汴京，俘徽宗、钦宗北还，北宋灭亡。李清照所有的幸福，被这无情的现实击得粉碎。她生命的后几十年，只剩下难言的苦楚与凄凉。祖国破碎，丈夫骤逝，她在颠沛流离中尝尽了孤独况味。花儿依旧妖娆盛开，只是在她的眼中，早已变了一番模样。

春来花烂漫，秋至月如霜。她后期的词，早已洗尽铅华，不华美却更动人，是她用珠玑文字描画的心路历程。

人生几何花烂漫——本书的主旨，也正在于此吧。

人生几何花烂漫

　　李清照流传下来的词作很少，但从这些精致的文字中，我们仍然可以看到她天真的笑影，看出她眉弯的浅愁，看曾经的优柔岁月随风飘逝。而她的那些忧伤与怀念，总会有喜爱她的人倾听与铭记。

卫淇

自是花中第一流

这是最好的时光。这里面
隐藏着少女心底那些小小
的骄傲——这里是她的国，
她的小小世界。

倚门回首，却把青梅嗅

——那人走了进来，像午后一个浅淡的梦。

点绛唇

蹴罢秋千，起来慵整纤纤手。露浓花瘦，薄汗轻衣透。
见客入来，袜刬金钗溜。和羞走。倚门回首，却把青梅嗅。

少年时光总是让人怀念，宛如许久以前那只飞远的纸鸢。而少男少女心底暗藏的情愫，就如某个不起眼的角落里悄然绽放的花儿。我们都曾有最初的心动时分，那是永远藏在记忆深处的秘密印痕。

"罗幕遮香，柳外秋千出画墙。"
"秋千慵困解罗衣，画堂双燕归。"
"桃杏依稀香暗度。谁在秋千，笑里轻轻语。"
词人们总是很喜欢吟咏秋千，或许是夏日微风中那些摇摆的秋千太像青春跳荡的心弦。秋千上的少女，带着些许羞涩而又那样天真无邪。她们仿佛是静谧夜空中轻盈闪动的萤火虫——那自在飞舞的流光，俘获了整个世界的追逐眼神。

少女的心事，宛如清晨露珠上的微光，闪烁不定又难以捉摸——正像白居易那首小诗中写的那样："花非花，雾非雾。夜半来，天明去。来如春梦不多时，去似朝云无觅处。"当秋千轻轻摇荡，那些不着边际的遐想，正随着青衣罗裙一起飞扬。画墙里的小小秋千，似乎已经摇碎了整个夏天，缤纷散落了一地。

纤纤手，绮罗衣，满院繁花笑语低。在这个自由天地，仿佛整个季节都被她轻握在手心。这样的无忧岁月，似乎永远都不会有人来惊扰。或许，只有那小小的蝴蝶，偶尔在她心间投下翻跹的影子。

这时，那人走了进来，像午后一个浅淡的梦。

刚从秋千上下来的少女似乎有些手足无措。这不期而至的客人宛如投入春水的一颗小石子，激荡起微微涟漪。那斜戴着金钗慌张溜走、连鞋子都来不及穿的少女，和李后主词中"刬袜步香阶，手提金缕鞋""佳人舞点金钗溜"的深宫美人比起来，或许有着别样的俏丽与多情吧。

是走，还是留？

其实她并不想就这么一走了之，只给人留下一个仓促惶然的背影。她或许已经知晓这个倏忽而至的少年的名字，但对他的模样还没看得太清楚呢。于是，她手把青梅，倚门回首。在那轻轻一嗅间，这个既羞涩又大胆的女孩，占尽了夏日的风情。

在中国文学史上，从晚唐到五代是所谓"艳体诗"颇为流行的时期，而以华美秾艳著称的词集《花间集》正是编纂于五代时的后蜀。这一时期描摹女子仪容美态的诗词可谓数不胜数。李清照这一首清新可喜的《点绛唇》，其实就化用了晚唐诗人韩偓的七绝《偶见》。诗中写道：

> 秋千打困解罗裙，指点酴醾索一尊。
> 见客入来和笑走，手搓梅子映中门。

韩偓素以"香奁体"著称。他笔下的这位娇羞少女清丽如画，但他似乎只是写出了外在的可爱与娇美，李清照的这首小令，则让我们瞧出了她深藏的秘密心事。

我们愿意相信，这首词就是李清照年少时的词作，而词中的那位少女，就是她自己。透过薄薄的诗笺，当年的她仿佛走了出来，一颦一笑，宛在眼前。

李清照虽然写有大量婉约词，但她的个性其实并不柔弱，有果决而大胆的一面。年纪轻轻的她就在《词论》中指摘当时词坛众多大家的缺点，几乎把北宋的大家批评了个遍。或许，这句"倚门回首，却把青梅嗅"也隐约透露了这样的性格特质吧。如果把这句与她新婚时所写的"云鬓斜簪，徒要教郎比并看"对照来读，其中神态举止，又是何等相似啊。

那个时候的她，像极了劳伦斯的一首小诗：

The dawn was apple−green,

The sky was green wine held up in the sun,

The moon was a golden petal between.

She opened her eyes,and green

The shone,clear like flowers undone

For the first time,now for the first time seen.

黎明成了苹果绿的，

天空像是阳光下举起的绿色美酒，

而月亮　就是一片缀于其间的金色花瓣。

她张开了眼睛，碧玉一般，

眼波清澈而明媚，宛如尚未绽放的花蕾，

第一次，在此刻第一次被人瞥见。

读这首词时，也会让我想起久未念及的那个人来。

梦永远是思念躲藏的地方。有时候，那些从来不曾泯灭的怀念会在梦中不经意地出现，像是一闪而过的火花，让你在蓦然醒来之后，久久难以平静。那些青春的岁月，那些纯真的笑容，早已经随风逝去，只有在梦里才会回到那个熟悉的地方，遇见飘扬着碎花裙子的夏天。

在这个心灵渐渐荒芜的年代，在长大之后的日子里，我们只是偶尔想起，最初心动的那一刹那，谁轻轻叩开了自己的心门。

其实，当青春不再心慌意乱，我们就知道最美妙的年华已不知不觉远去了。只有重读这样的词，才会让我们想起曾经的青涩时光，想起最初的心动瞬间。

燕子低声呢喃，怕惊扰了这个幽微的梦；心中的那些涟漪，在未来终会归于平静。而在清丽如斯的句子中，我们终究遇见了那时的她，目光清澈，楚楚动人。

少年时，花开四季。在一生中那唯一的瞬间，望见美好。

自是花中第一流

> ——还记得从前，我们曾经去到那里，看花、看树、看天蓝。

鹧鸪天·桂

暗淡轻黄体性柔，情疏迹远只香留。何须浅碧深红色，自是花中第一流。

梅定妒，菊应羞，画阑开处冠中秋。骚人可煞无情思，何事当年不见收？

初读这首词，或许觉得它有些稚气和肤浅。写这首词的时候，李清照可能年方及笄——那个时候的她，不过是一个爱极了桂花的天真少女。

桂是月神之树，其芬芳宛若天赐。而每个人仅有一次的少年时光，也和这词中桂花一样，是上天所赐的无上珍宝。少女李清照居于汴京，生活优裕。她生于书香门第，父母都写得一手好文章，父亲李格非更是以《洛阳名园记》名闻天下。或许，她大气磊落的诗才和温婉细腻的词才就根植于从小的耳濡目染和谆谆教导吧。

李清照年少才高，在当时的汴京城也是颇为有名的，以至"文章落纸，人争传之"。"苏门四学士"之一的晁补之很喜欢这位小同乡的诗文，在与其他士大夫的言谈中亦毫不掩饰对她的赞赏。早慧多才的她，在家中更是备受父亲的宠爱。于是，那一段无忧岁月，便化作词中的馨香几缕。

帝都汴京，自古繁华。《东京梦华录》中说，当时的御道上"近岸植桃李梨杏，杂花相间，春夏之间，望之如绣"。汴河之上虹桥飞架，大小船只往来不息。宫城宏伟大气，街市熙熙攘攘。大相国寺梵宇崇闳，香火鼎盛。金明池、琼林苑，更透出精绝雅致的风范。少不更事的她，也许以为这样的日子会一直持续下去——她哪里会知道，眼前的一切美好都将在某一天之后烟消云散，成为无尽回忆中的小小片段。

少年时，每个人都是这偌大世界的勇敢探索者。敏感聪慧如她，会去捕捉夜空繁星的微光，会去轻抚春水逝去的波痕，会去倾听月下花落的声音……当然，世间似乎没有什么能留住那颗跃动不息的心。

这小小的桂花，或许是让她驻足又徘徊、流连咏叹的唯一。

于是，她说画阑中的桂花占尽了中秋的风情，可以称得上"花中第一流"，乃至让梅与菊这样的名花感到羞惭和嫉妒。因为替桂花抱屈，她甚至大着胆子说古时的大诗人屈原实在是情思欠奉——因为她看到《离骚》中的屈子可以"扈江离与辟芷""纫秋兰以为佩"，可以"制芰荷以为衣""集芙蓉以为裳"，然而天下芳菲道尽，他对这绝香绝美的桂花，却吝啬得不着点墨。

其实，屈原是有写桂的，却不是桂花。他在《离骚》中写有"杂申椒与菌桂兮，岂惟纫夫蕙茝"，又说"矫菌桂以纫蕙兮，索胡绳之"。菌桂就是箘桂，也叫肉桂或者玉桂，树皮可以制作香料；只不过它不是木犀科的桂花树，而是一种樟科乔木。

唐代诗人李贺曾写道："画栏桂树悬秋香，三十六宫土花碧。"李贺狂放不羁的诗句，或许正契合了她当时的少年心气，所以她才在词中写下"画阑开处冠中秋"这样相类的句子吧。

"少年哀乐过于人，歌泣无端字字真。"这是龚自珍的心灵剖白。不过才情同样出众的李清照在年少时没有那样的悲喜经历，她的少女时代宛如秋日的天空，纯净而清朗。

自在无忧的日子正像极了怒放的桂花，轻红浅黄，自有颜色，散发出浓郁而清透的香。这是最好的时光。"自是花中第一流"，只是在说桂花吗？其实说的恐怕就是她自己吧。这里面隐藏着少女心底那些小小的骄傲——这里是她的国，她的小小世界。

少年人都是有些自恋的，甚至浅薄，但回过头来我们都还会怀念那段时光。那时的美好，是我们一生再也无法重拾的珍宝，那份自在纯真，仿佛倏尔远逝，不知所踪。

生命绽放，至美无极。就像这词中的桂花，有时候一首不知名的歌，也会突然触及我们心底不为人知的所在——仿佛生出一种微微的喜悦，让我们回忆起向花而笑的少年时光。还记得从前，我们曾经去到那里，看花、看树、看天蓝。那样的时节，那样的心情，过去了，就再也没有了。

在某个秘密的季节，青春逝去，不复重来。但也许某一个残留在清澈阳光下不起眼的思绪碎片，依然能让我们的眼睛里泛出光芒来。

我第一次读到这首词，还是在高中时，那时印象并不如何深刻。多年以后重读，却不由得想起自己当时写下的一行小诗：

花儿在她的梦中睡去了，而那暮春的风已经启程。

命运的轮回与悲欢让人无从逃避，身处其中的人毫无察觉，但在旁观者的眼里，是怎样一种悚然心惊啊！在写下这首小令的时候，李清照不会想到，她未来的命运和整个国家一起骤然崩塌，只剩下残破一隅。

花开似梦，风过无痕。在月华如水的秋夜，那个沐香而来的少女宛如自在开放的花儿，她轻声的吟唱透着特有的纯净与清美。再次读到这首词的时候，我们会不由自主屏住呼吸，希望自己不要惊散了那小小桂花的幽香与清梦吧。

湖上风来波浩渺

> ——小舟划开湖面的水痕，如一曲远去的恋歌。有微微的喜悦，漾在心头。

忆王孙

湖上风来波浩渺。秋已暮、红稀香少。水光山色与人亲，说不尽、无穷好。

莲子已成荷叶老。青露洗、蘋花汀草。眠沙鸥鹭不回头，似也恨、人归早。

这首词，读来齿颊余香，很是清新。

李清照的小令音韵谐美。仿佛不是在读她的词，而是品尝一杯琥珀色的佳酿，那些跳跃着的音节只是在你的舌头上盈盈流转。细细品味思量，词中的意蕴又像空气中浮动的些微感触，一不小心就随风散去了。这些熟知的句子，让人想起从前少年读词的感觉，似乎明白，却又不太明白，但总有一种悠长的韵味、一种混杂着欣喜与惆怅的情愫藏在心底。

小舟划开湖面的水痕，如一曲远去的恋歌。有微微的喜悦，漾在心头。秋天的帷幕，终于还是缓缓落下了。那些曾经在风中摇曳的嫣红荷花，早已经凋零不见。仿佛还有淡远的香，或者，只是从前夏天的记忆罢了。在清爽明净的空气中，水光山色让人如此想要亲近。这时节，总有种说不出来的小小安慰停在心头。

《世说新语·言语》中说，东晋的简文帝到华林园的时候，对左右侍从说："会心处不必在远，翳然林水，便自有濠、濮间想也，觉鸟兽禽鱼自来亲人。""翳然林水"真是个很美的句子，阳光穿越安静的树林投下稀疏光影，清澈见底的溪流在落叶与卵石间缓缓流过。那样一份自然亲和，就与这首词中的秋色意味相近吧。

但很多时候，秋天只是个伤感的季节。秋光再美好，也是触目成伤的景致。有首传为李清照所作的《行香子》[①]写道：

天与秋光，转转情伤。探金英、知近重阳。薄衣初试，绿蚁新尝。渐一番风，一番雨，一番凉。

黄昏院落，恓恓惶惶。酒醒时、往事愁肠。那堪永夜，明月空床。闻砧声捣，蛩声细，漏声长。

---

① 将这一首当作易安词仅见于民国时李文裿所辑的冷雪盦本《漱玉集》，王仲闻先生在《李清照集校注》中认为此首为误载。

　　这对秋天景致的描摹，以及浅近亲切而又悠长温婉的词风，虽然与《忆王孙》有些相近，但是对秋天的感思却有不同。原来，身外的景物，都只是因人的心情而异的背景。哀景也好，乐景也好，终究不过是因人的心情不同。正如王国维《人间词话》中说的，"一切景语皆情语"。

　　天与秋光，转转情伤。只这几个字，已经把人轻轻牵进了这落寞的秋光之中。重阳院落，谁还记得黄昏时的恓惶；明月如霜，只剩这心碎后的神伤；金英绿蚁，陪人在长夜未央。在这样空寂的秋天，只有不期而至的风雨、捣衣与更漏的声音，以及身上心间微微的凉。这首词依稀有易安词的婉转与清韵，或许正因如此，人们才将它流传开来。

　　看来，秋天是个让人欢喜让人忧的两面派。王维写："空山新雨后，天气晚来秋。明月松间照，清泉石上流。竹喧归浣女，莲动下渔舟。随意春芳歇，王孙自可留。"他笔下的秋天是如此清新可爱。

　　只是，大多数时候，寂寞或哀愁的颜色，分明写在秋天的每一片落叶上，写在如眼波般明净的晴空上。

　　"碧云天，黄叶地，秋色连波，波上寒烟翠。"映入眼帘的秋，多半是这样，缤纷如春，明净如夏，却让人感到萧瑟的寒意。因为曾经美好的颜色，都即将逝去，落入寒冷而素洁的冬天。这个季节，总会让人心中生出寂寥的感受。身在他乡的游子，思念远人的妻子，每当望见那飘落的梧桐叶，心中总会泛起淡淡的哀愁吧。并不是秋天不够美，只是他们心底的秋天早已换上别样色彩。

所以辛弃疾才会说，天凉好个秋。

秋天总与寂寞相伴，只是那时的李清照，还没有这种感受罢了。

莲子已经结成，荷叶终将枯萎，轻轻卷成暗黄色的落寞。湖水中的蘋花汀草，仿佛被朝露洗过一般，在凉爽的秋风中轻轻摇摆，格外清新可爱，惹人怜惜。原本正在湖中芳洲上交颈而眠的沙鸥与白鹭，此时却忽然惊起，径直飞去。佳景如斯，人们却终究要恋恋不舍地归去。那些飞走的鸟儿，是否也不愿如此早归呢？

我们记忆中的秋日，曾经阳光漫洒，遍野金黄；我们也曾在喜悦中，看见"明眸善睐"的秋天。读到这首词时，我们仿佛望见了那山，那湖，那些鸥鹭与荷花。

流光总是如此妩媚，而夕阳下，那些如歌的行板，从未停止。

此花不与群花比

——她亦如这一树梅花，淡淡妆，天然样。

渔家傲

雪里已知春信至，寒梅点缀琼枝腻。香脸半开娇旖旎。当庭际，玉人浴出新妆洗。

造化可能偏有意，故教明月玲珑地。共赏金尊沉绿蚁。莫辞醉，此花不与群花比。

梅花，是二十四番花信之首。所以，梅花开了的时候，你会知道，那个姹紫嫣红的季节就要来了。

她在这熟悉的庭院中，似乎嗅到了一丝春的气息。那些初绽的花蕾，星星点点落满了覆着白雪的枝头，宛如天国中那散发沁人芬芳的玉树琼花。那一树梅花，素洁中带着淡淡红晕，宛如一抹微笑，在寒风中微微颤动，让人无比疼惜。如此清新娇媚，宛如刚刚出浴的二八佳人，在冰天雪地中迈着轻盈的步子。《长恨歌》里说杨贵妃"春寒赐浴华清池，温泉水滑洗凝脂"，而这梅花的风华，不正似那绝代的

自是花中第一流

佳人吗？一顾倾人城，再顾倾人国。而梅花无须顾盼，早已令花旁的她倾倒。

所以她才说：造化可能偏有意，让明月如水的光华披洒在花树之上。那泛着清辉的花瓣，真似老天的无上赐予。

绿蚁，其实是酒的表面浮着的泡沫。新酿的酒在未滤清时，表面会浮起微绿的酒渣，细小如蚁，所以称之为"绿蚁"。后来人们干脆把它当作新酿美酒的别称。白居易在《问刘十九》中写道："绿蚁新醅酒，红泥小火炉。晚来天欲雪，能饮一杯无？"金尊中盈盈如琥珀的美酒，真是如花般诱人。

超凡脱俗清丽如斯的梅花，又岂是其他花朵能比的？所以这时不必推辞，只一饮而尽，在花香氤氲中共醉，才不枉如斯佳景吧。

其实这首词颇有些自喻的味道。在她的潜意识中，此花不与群花比，说的何止是这雪里的寒梅呢？无论作为一个词人，抑或一个女人，李清照都是有小小的骄傲与自矜的。她是父母宠爱的女儿，亦是丈夫钟爱的妻子。赵明诚曾题过一幅她的小像，在那幅心爱的画上题字，笔触间充满了爱意。幸福若此，想必此生已足。

待到梅花开，满树花照人。在那溶溶的月光下，她亦如这一树梅花，淡淡妆，天然样。

"群花"这两个字总让人想起历史上的那些女词人，像朱淑真、魏夫人、徐灿、顾春，以至近代的丁宁等。她们以及她们的词，正如春日花信风吹来时不小心洒落的芳菲，正如牡丹芍药，或是月季杜鹃，各有各的才情与婉约。

读她们的词时，宛如夏日偶尔在树荫下遇到的风，总让人感受到别样的清新。毕竟男人所作的闺词，大多有故作姿态之嫌，而女词人的内心私语，才是最为真纯的声音。那些清香满溢的词句，应该就和她们本人一样吧。

我们来读一读她们和她们的词，细细品味字里行间的美丽与哀愁。

梅蕊宫妆困——朱淑真

朱淑真，又作朱淑贞，号幽栖居士。她生于仕宦家庭，父亲曾在浙西为官，家境优裕。她与李清照一样，自幼聪慧多才，能文善诗，词尤为工丽，素有才女之称。关于她的生平事迹，我们现在所知很少。相传她由父母做主，嫁给了一个小吏，但夫妻二人志趣不合，她婚后生活很不如意，最后郁郁而终。其身世亦可怜，其才情亦可叹。她的词才与李清照最为相近，笔触蕴藉，词风清丽淡雅。

生查子

年年玉镜台，梅蕊宫妆困。今岁未还家，怕见江南信。

酒从别后疏，泪向愁中尽。遥想楚云深，人远天涯近。

鹧鸪天

独倚阑干昼日长，纷纷蜂蝶斗轻狂。一天飞絮东风恶，满路桃花春水香。

当此际，意偏长，萋萋芳草傍池塘。千钟尚欲偕春醉，幸有荼蘼与海棠。

荷花娇欲语——魏夫人

魏夫人，名玩，字玉汝，襄阳（今湖北襄阳）人，北宋女词人。她是北宋宰相曾布（唐宋八大家之一曾巩的弟弟，参与王安石变法，后知枢密院事，为右仆射）之妻，被封为鲁国夫人。她的词多写离情别绪，词风凄婉优柔，亦有轻俏可人之句。她在宋代颇负盛名，朱熹在《朱子语类》中说："本朝妇人能文，只有李易安与魏夫人。"

菩萨蛮

东风已绿瀛洲草，画楼帘卷清霜晓。清绝比湖梅，花开未满枝。

长天音信断，又见南归雁。何处是离愁，长安明月楼。

菩萨蛮

红楼斜倚连溪曲，楼前溪水凝寒玉。荡漾木兰船，船中人少年。

荷花娇欲语，笑入鸳鸯浦。波上暝烟低，菱歌月下归。

春魂已作天涯絮——徐灿

徐灿，字湘蘋，江苏吴县人（今属苏州市），她是明朝光禄丞徐子懋的次女，著有《拙政园诗余》。她在崇祯初年嫁给了当时的知名诗人陈之遴。夫妇二人琴瑟和鸣，感情深厚，在两人的诗词中亦常见到唱和之作。婚后不久，陈之遴于崇祯十年（1637年）进士及第，但他仕途坎坷，还被崇祯皇帝申斥，"永不叙用"，只得返回海宁老家。陈之遴在明亡后出仕新朝，徐灿其实对此深有不满，但亦无可奈何。她的词清朗蕴藉，词中弥散着留恋与怀旧的气息。

永遇乐·病中

翠帐春寒，玉墀雨细，病怀如许。永昼恹恹，黄昏悄悄，金博添愁炷。薄幸杨花，多情燕子，时向琐窗细语。怨东风、一夕无端，狼藉几番红雨。

曲曲阑干，沉沉帘幕，嫩草王孙归路。短梦飞云，冷香侵佩，别有伤心处。半暖微寒，欲晴还雨，消得许多愁否？春来也，愁随春长，肯放春归去？

踏莎行·初春

芳草才芽，梨花未雨。春魂已作天涯絮。晶帘宛转为谁垂？金衣飞上樱桃树。

故国茫茫，扁舟何许。夕阳一片江流去。碧云犹叠旧山河，月痕休到深深处。

红楼不闭窗纱——顾春

顾太清，名春，字梅仙，原姓西林觉罗氏，满洲镶蓝旗人，清代女词人。顾太清嫁给了乾隆帝的曾孙爱新觉罗·奕绘。婚后夫唱妇和，伉俪情深。因为奕绘字子章，号太素，顾春为和他相匹配，遂字子春，号太清，自署太清春、西林春。

她在当时颇负盛名，有"男有成容若，女有太清春"之称。词风清醇精丽，雅洁工致，被况周颐称为"直入清真之室，闺秀中不能有二"。

浪淘沙·登香山望昆明湖

碧瓦指离宫，楼阁玲珑。遥看草色有无中。最是一年春好处，烟柳空蒙。

湖水自流东，桥影垂虹。三山秀气为谁钟？武帝旌旗都不见，郁郁蟠龙。

惜花春起早·本意

晓禽鸣，透纱窗、黯黯淡淡花影。小楼昨宵听尽夜雨，为著花事惊醒。千红万紫，生怕它、随风不定。便匆匆、自启绣帘看，寻遍芳径。

阶前细草蒙茸，承宿露涓涓，香土微泞。今番为花起早，更不惜、缕金鞋冷。雕栏画槛，归去来、闲庭幽静。卖花声、趁东风，恰恰催人临镜。

一瓣心香无限意——丁宁

丁宁，字怀枫，号昙影，又号还轩。她可以说是我国近代最后一位有所成就的女词人。

清光绪二十八年（1902年），丁宁生于江苏镇江，第二年随父亲举家迁居扬州。她是庶出，生母在其出世后不久即辞世。丁宁十三岁时，父亲为叔伯害死；十六岁时，由嫡母主持完婚，嫁到扬州一黄姓人家，次年生女，小名文儿。她的丈夫"吃喝嫖赌抽"五毒俱全，还经常虐待她。女儿曾经是她的心灵寄托，却在四岁时不幸夭折。此后，丁宁不堪丈夫的打骂，坚决提出离婚。这在当时是很需要勇气的，她遇到的阻力也极大。后来，她当着族人的面发誓永不再嫁，才得偿所愿。此时她年仅二十二岁。

其后，丁宁先后师从扬州名士陈含光、程善之、戴筑尧等学习诗文，她的词作《昙影楼词》曾在龙榆生主编的《词学季刊》上以"专号"的形式发表，在当时影响很大。

1937年，日寇侵占扬州。丁宁先是与嫡母避难于镇江，后来又迁至上海。1938年4月，与丁宁相依为命多年的嫡母去世，丁宁从此孤身一人，流寓上海。她先后在南京私立泽存书库、南京中央图书馆古籍部任编目员和特藏员，南京解放后，她留在江苏省图书馆工作。1952年，在华东人民革命大学学习后，丁宁被分配至安徽省图书馆工作，直至1980年9月15日因病去世。

丁宁的遭遇让人叹息。令人钦佩的是，备受磨难的她在词的创作上取得了不俗的成就。她生于近代，词作却完整保留了蕴藉含蓄而又清雅秀丽的古典美。

临江仙·志恨

历尽酸辛偿尽泪，灯前病里吟边。珠沉沧海玉生烟。寂寥春似梦，迢递夜如年。

一瓣心香无限意，尘劳忧患都蠲。芳韶长驻月长圆。枣花多结子，柳穗莫飘绵。

临江仙·乙亥春日

帘影沉沉银箭悄，残阳消尽余温。小窗闲倚待黄昏。荒庭春似梦，新绿旧苔痕。

料峭轻寒侵短袂，东风吹醒吟魂。飘萍无住絮无根。清因随逝羽，何处问前身。

李清照说："此花不与群花比。"她确实有这样骄傲的资本。虽然其他女词人亦有温婉的佳句，但李清照的才情与文采，确是无人能及的。在女词人中，能与李煜、欧阳修、苏轼、辛弃疾、周邦彦等大词人齐名并举的，就只有她了。

所以，她就如词中的这一树清新淡雅的梅花，在二十四番花信中，实为花魁。

莫许杯深琥珀浓

——少年，只如一曲远去的恋歌。我们唱过了，却忘了。

浣溪沙

莫许杯深琥珀浓，未成沉醉意先融。疏钟已应晚来风。

瑞脑香消魂梦断，辟寒金小髻鬟松，醒时空对烛花红。

青春，总是透着些许迷惘。看上去丝毫不起眼的物事，却总在青春萌动的心中引发欢喜或是感伤的情愫。正值二八年华的李清照也不能例外。她的心中有迷醉，有感伤，也许，还有一丝朦胧难解的渴求与希冀。

身为深闺少女的她，在诗笺上写下的这份寂寞，也许只有杯中那盈盈的"琥珀"才能化解。乌丝阑纸上的蝇头小楷，端秀而齐整，缓缓写来，却别有一番寂寞滋味。这样的时节，总是惹人烦恼。心中那些没来由也理不清的情绪，不知如何才能排解与消弭。

李白说："兰陵美酒郁金香，玉碗盛来琥珀光。"一醉能解千愁。浓香淡酒，该是让人未饮先醉了吧。这酒，难道真是消愁的良方吗？她一生都是极爱酒的。也许，不仅仅是因为那甘美醇香的味道，也因为酒和她一样，外表清凉如水，内里却潜藏着火一般热烈的个性吧。

酒如是，她亦如是，那么现下她心中暗暗憧憬着的那份爱恋呢？

晚风将疏朗的钟声送入耳膜，好似一丝悠远的怀想，缥缈得几乎让人抓不住，这仿佛等待了一生的声音，是如此真切地渗到心底。春华秋实，时光荏苒。她像在等着什么。也许连她自己都不知道，她等的究竟是什么。

终于，她还是沉沉睡去，宛如那饮下煦暖春风的花。

瑞脑是一种名贵的香料，产于波斯，又被称为龙脑或冰片。天然的龙脑质地纯净，如冰一般晶莹剔透。熏燃时它的香气浓郁而持久，而且烟气甚微，因此，无论在东方还是西方，历来被视为香中的珍品。"辟寒金"在这里指的是发髻上的金钗。关于辟寒，有个很有意思的传说。据王嘉《拾遗记》中记载，三国时候，昆明国进贡了一种鸟，能吐金屑如粟。于是爱美的宫女们争着用这种小巧的金屑来装饰她们的玉钗与环佩。只是这种南来的珍贵鸟儿对北方的霜雪天气极为畏惧，因此魏帝专门为它建造了一个小温室，称为辟寒台。所以，这种鸟儿所吐出的金屑就被称为辟寒金了。

香消梦断，枕冷衾寒，心中只留下淡淡的落寞。她蓦然梦觉，发髻慵懒地松散在一边，而那小小的金钗快要落到枕头上。长夜未央，不知她在想着些什么，是方才朦胧的春梦，抑或衾中微微的轻寒？

不论如何，这沉沉的黑总是让人心中郁郁。起身点起红烛，在暗夜中点起的也许是心中暗藏的某种希冀吧。然而烛光只让人觉得更加寂寞。这空落的房间，在寂寥的长夜，怅然若失的感觉忽然又浮上心头。那荧荧的烛光，映亮了她不语的明净眼眸。

多情总是难以排解。空对红烛，满怀情愫却不知从何说起。窗外，云淡风轻，那一弯浅浅的新月是否听到了她心中的叹息？

吴熊和说，这是"青春期因深闺寂寞而产生的一种朦胧而难以辨析的情绪"，少女时代的她"为这种情绪所困，心儿不宁，甚至醉也不成，梦也不成，不知如何排遣"。这或许正是她当时的心灵写照。

其实，我们在少年时又何尝不是如此呢？少年的心怀总是如此轻易被触动，就像一个人安静地听着歌，忽而忧伤，忽而又觉欢喜。只是那些在耳边回响的旋律，无法带走心中的忧悒与迷失。年少时，尽管睁大了眼睛，我们却始终不太明白这个世界。爱与迷失，都深深埋藏在眼中和心底。

这首词让我想起了歌德的那本《少年维特之烦恼》。书中的少年，有喷涌的热情和美好的憧憬，最后却陷入了绝望的深渊。他曾经爱过，也深深地被伤过。他不愿意随波逐流，却再也走不出青葱岁月的迷失与伤痛。

每个人都有深埋的少年心事，他人又怎会真正了解呢？

辛弃疾《丑奴儿·书博山道中壁》写道："少年不识愁滋味，爱上层楼。爱上层楼，为赋新词强说愁。而今识尽愁滋味，欲说还休。欲说还休，却道天凉好个秋。"

我记得那时有很多同学喜欢这首词，念起来总有种淡淡的忧伤味道。少年的清愁，是向往，还是迷失？谁也说不清楚。只有少年的心如此敏感，才能体味出那份幽微的怅惘与哀愁吧。我还记得，无意中曾看到一句不知谁抄下的诗："世界在踌躇之心的琴弦上跑过去，奏出忧郁的乐音。"

或者，泰戈尔的这一句小诗，正是少年心情的最好写照吧！一如李清照手中的美酒，眼前的红烛。

少年，只如一曲远去的恋歌。我们唱过了，却忘了。

常记溪亭日暮　🌸

——有的时候，我们还会忆起那余温尚存的昨天，和那
个在光影流转中肆意奔跑的青春身影。

如梦令

常记溪亭日暮，沉醉不知归路。兴尽晚回舟，误入藕花深
处。争渡，争渡，惊起一滩鸥鹭。

落日余晖，洒遍湖边的芦苇丛。

她在溪亭之中，醉饮而还。泛舟湖上，却已忘了归路。小舟在粼
粼的湖面上穿行，划出一道长长的水痕。不知不觉间，迷途的小舟荡
到了荷花丛的深处。鱼儿在荷叶间轻灵地游动，童心大起的她奋起双
桨，想要与之争渡。不料一滩的鸥鹭被惊起，它们美丽的白羽翩飞于
原本宁静而湛蓝的夏日天空。

这如同水墨画般的场景，正符合我们心中对夏日的美丽想象。而
词中的那位少女，也成了画中的风景，一如那迎风摇摆、吐露清芬的
荷花。

对于这首词，龙榆生先生在《漱玉词叙论》中评论说"矫拔空灵，极见襟度之开拓"。那时的李清照是如此天真而开朗，没人能想到许多年后的遭际，会让她晨月般清朗秀丽的眉宇再难舒展。

词中"兴尽"两个字，总让人想起一个故事。

"乘兴而行，兴尽而返"，出自《晋书·王徽之传》。王徽之是东晋大书法家王羲之的第五子。他生性"卓荦不羁"，颇为高傲，不愿受约束。他曾经当过官，却总是行为懒散，对官衙的日常事务漠不关心。后来，他干脆辞去了官职，隐居于山阴（即今浙江绍兴），天天饮酒作诗、游山玩水，日子过得倒也逍遥自在。

有一年冬天下了一场大雪。夜雪初霁的时候，窗外一派"月色清朗，四望皓然"的景致。如此美景令王徽之豪兴顿发。于是他边咏唱着左思的《招隐诗》，边端起酒杯，对雪独酌。这样寒冷清寂的夜晚，他也能乐在其中。

正自在呢，他忽然觉得缺少了点什么。这样的景致与兴致，如果能与好友戴逵分享，岂不是更好？戴逵当时在剡溪，路途真的有些遥远，但还是可以坐船抵达。于是，乘着酒兴，王徽之让仆人备船，连夜前往剡溪。

皎洁的月光照在河面上，波光粼粼。四周寂静无声，旷野里只有清冽的空气和满眼的皑皑白雪。小船划了整整一夜，终于在拂晓时到了剡溪。谁料刚走到戴逵家门口，王徽之就转身又回到小船上，要仆人接着撑船回去。仆人觉得奇怪，问他为什么到了又不进门。王徽之淡然说道："我本来就是乘着一时之兴过来的。现在兴致已经没了，就该回去了，又何必一定要见到戴逵呢？"

魏晋的名士风流，是后世的人们非常向往的。不过就李清照的这首词看，行为好像有些类似，其实却无关这样的清流风度。相类的，是她不假修饰的真性情。总有人"为赋新词强说愁"，李清照却不会。她不会强颜欢笑，亦不会故作愁容。她敢言亦敢爱，写《词论》，仅二十几岁的她敢于指摘当时名满天下的词坛大家之失；面对贵为宰相、权势熏天的公公，她亦能愤而示以"炙手可热心可寒"这样言辞激烈的句子。不过，她毕竟是女儿家的情怀，也会担忧"甚霎儿晴，霎儿雨，霎儿风"，有着一颗玲珑别透而又敏感多情的女儿心。在古往今来数不尽的词人中，若论兼有个性之鲜明、情致之婉转的，只她一人而已。

或许是害怕被伤害，或许是为了名利，我们总是变得越来越会隐藏和保护自己，用虚伪做作的笑容和言不由衷的话语将自己包裹得严严实实。但是曾经年少，总有真性情的年月，总有轻狂的青春，可以不理会世人讶异的目光。即便那样的岁月早已如轻花般凋落，有的时候，我们还会忆起那余温尚存的昨天，和那个在光影流转中肆意奔跑的青春身影。

我还清楚地记得和同学一起去爬山，记得那飞快的步伐，那欢笑与高歌，以及山顶清凉的风。那些无忧无虑、甘美得沁出蜜来的岁月，宛如白驹过隙，刹那间就过去了。

青春，就像那个似曾相识的背影，当她转过拐角，就再也看不见。

我们总是怀念青春的。比如读这首词时，冰冷的铅字仿佛忽然有了生命。我们分明感知到这些文字是喜悦的，它们在轻盈地舞蹈。我们仿佛听到当时的桨声与欢笑。我们发现，原来李清照会纵酒而歌，她是如此童心未泯，如此无拘无束。当船桨溅起欢快的水花，整个世界仿佛都是她的。如果她没有喝醉，必定还是一个端庄娴雅的女子。但幸好这次，她表现出了如此本色的一面。

曾经的少年，哪里顾得上理会旁人不解的眼神！只是在长大后的某一天，我们蓦然发现，已经很久没有在镜中看到真实的自己了。

在这夏风与落日之间，她宛如环佩轻响的水中仙子，盈盈而来。这摇曳多姿的句子，这清新流转的风致，让人怦然心动。

生命中最美好的时光，也许就是在午后的阳光中，读这样的自己喜欢的词，听自己喜欢的歌，看街上的人来来去去。如同那时花开，如同溪亭日暮。

知否，知否，应是绿肥红瘦

> ——其实潜藏在这春末流光中的细节，也只不过是花落去、燕归来，一点点堆积着的情绪。

如梦令

昨夜雨疏风骤。浓睡不消残酒。试问卷帘人，却道海棠依旧。知否，知否，应是绿肥红瘦。

"春眠不觉晓，处处闻啼鸟。夜来风雨声，花落知多少？"

唐代孟浩然的这首《春晓》尽人皆知，读来平淡而有意味。四百年后，当李清照这位词坛才女也偶遇这花落的清晨，她又会迸发出怎样的诗情呢？

向往，其实就是春天的另一个名字。正如雪莱诗中所写的——冬天来了，春天还会远吗？然而，春天又是无法淹留的刹那美好，似锦繁花刹那间褪色凋残，很快进入夏天那沉默的梦境。每当春天的气息变得越来越淡时，我们的心情免不了有点低落。那些曾经盛开的花朵，随着渐逝的流光，终究无可挽回地香消玉殒了。

那时候的李清照，爱情甜蜜，生活无忧，可她的玲珑词心，却敏感地捕捉到了这春末的伤感。看着枝头落下的满地繁花，心中终是空落。其实潜藏在这春末流光中的细节，也只不过是花落去、燕归来，一点点堆积着的情绪。

昨夜的风雨似乎还在敲打着酣梦，黑甜一觉过后只留下淡淡的惆怅与茫然。

甘醇的美酒化作微醺的醉意，到了清晨还没有消尽。而她似乎并不在意酒后的头痛，却问起了帘外的海棠。

许是为了安慰她的不安，又或许是漫不经心，那位卷起帘子的侍女只是扫了一眼，淡淡地说了句"海棠依旧"。其实，怎会是依旧呢？雨后的海棠树应该是满树的夏绿，只剩零星的春红了。

也许是她错了，也许是那位帘旁的侍女错了。无论如何，这绚烂的春之帷幕终究随着昨夜的风雨落下了。

伤春的诗词不知凡几，大多都有雷同。这首词却好似一出峰回路转的戏剧。记挂着雨后的海棠，心中不免惴惴；而后侍女安抚说海棠依旧，让人不由得心中一喜；再后思量，这显然只是敷衍之词，只为风雨中无辜落去的那些花儿，心头还是蒙上了淡淡的哀伤。

侍女的漫不经心，和词人的敏感多情，还有那份淡淡的伤怀，无不藏在这三十三个字中。想来那时候的她，正如自己诗中所写的那样，"诗情如夜鹊，三绕未能安"吧。这一句别出心裁的妙语，才是留给即将逝去的春色的最好注脚。

人生总是免不了遗憾的。错过或者迷失，曾经的热望终究会落空。所幸我们手捧李清照这样的词，读到了一种优雅与美，一种她特有的细腻情愫，还有无法言说的伤怀。

海棠花秀雅妩媚，惹人怜爱。苏轼写它："只恐夜深花睡去，故烧高烛照红妆。"美丽若此，也敌不过晚来的风雨。"最是人间留不住，朱颜辞镜花辞树。"红颜虽好，终会老去，这小小的伤感在李清照的心中荡起了涟漪。在这样的春末，让人留恋的是花，让人忧伤的是匆匆而逝的岁月。

不过那时的她，正是青春好年华，写词虽是伤春也只有淡淡忧伤，与后来的沉痛哀切毕竟大不相同。

许是巧合，许是有意，类似的场景又一次在韩偓的诗中找到了。韩偓的《懒起》诗写道：

百舌唤朝眠，春心动几般。

枕痕霞黯淡，泪粉玉阑珊。

笼绣香烟歇，屏山烛焰残。

暖嫌罗袜窄，瘦觉锦衣宽。

昨夜三更雨，今朝一阵寒。

海棠花在否，侧卧卷帘看。

李清照小令的情境，与韩诗的末尾两句很有些相似。

韩偓的诗轻巧华丽，而青春时期的李清照作词也有这种风格。有人评价她"作长短句能曲折尽人意，轻巧尖新，姿态百出"。的确，这短短的小令不正宛若那时娇俏可人、眉目如画的她吗？

小令最后十个字让多少人赞叹不已。宋代的陈郁说：李易安工造语，故《如梦令》"绿肥红瘦"之句，天下称之。缪钺老先生在《灵溪词说》中评论易安少时词作"婉美灵秀"，绝非过誉。

宋代词坛盛极一时，但在很多传统文人心中，词虽亦有风雅之作，终究只是"叨陪末座"的小品，登不得大雅之堂。

李清照却极爱这宛如轻歌的韵律。小小的长短句，不如诗那样端庄大气，却似乎更能道出内心深处的悲喜感悟。就像曲径通幽的小小园林，别有一番境地。

不难想见，如果没有她"绿肥红瘦"这般清丽无俦的句子，那时的词坛将会失去多少颜色。

那时她只是个不谙世事的孩子，偶尔将海边瑰丽的贝壳轻轻拾起。有时，只是悄然凋落的小小花瓣，就已牵动了她的情思。

在这样的清晨，在夹杂着淡淡甜蜜与忧伤的雨后，她在诗笺上为我们留下了春天最后的一抹色彩。

小院闲窗春色深

——思念还未终结，梨花却终于要谢了。

浣溪沙

小院闲窗春色深，重帘未卷影沉沉。倚楼无语理瑶琴。

远岫出山催薄暮，细风吹雨弄轻阴。梨花欲谢恐难禁。

李清照是大家闺秀，自小聪慧的她自然是多才多艺。她能写诗作词，弹琴下棋亦不落人后。

在几十年前，有人发现了一把传为李清照遗物的古琴。琴上铭刻的工整清秀的小篆已经难以完整辨识，只能依稀看出是一首小诗："□山之桐，斫其形兮。冰雪之丝，宣其声兮。□□□□，和性情兮。广寒之秋，万古流兮。"

这首诗不知是否为她所作。但可以想象，如果得以倾听那古琴上弹出的曲子，我们必定会在清越悠扬的琴声中，望见那个如云出岫的女子，用兰花秀指轻轻撩起满屋的芬芳。

琴上弦语说相思。

倚楼抚琴其实只因百无聊赖，眼中心底，那脉脉的思念总也掩饰不住。窗外郁郁葱葱，春意已经很深很浓了。小小的院落，感觉微微清凉。蓦然发觉时光匆匆而逝，而目送他的背影离去的情景，仿佛就在昨日。现在，重重帘幕早已没有心情卷起，幕影沉沉，周遭清寂无声，就如此刻心境。

"泠泠七弦上，静听松风寒。"琴音总多幽怨，飘摇在每一颗落寞的心中。倚楼无语理瑶琴，这样的句子真是别有深意。

琴弦寂寞，有待知音。自古以来琴与寂寞总是相关，或是源于那个"高山流水"的古老传说。

《吕氏春秋·本味》中说，伯牙善于弹琴，而钟子期善于听音。伯牙将心中所想，在琴弦上弹奏出来，钟子期听到就必定懂得他的心意。伯牙鼓琴，志在高山之时，钟子期说："善哉乎鼓琴，巍巍乎若太山！"伯牙志在流水之时，钟子期又说："善哉乎鼓琴，汤汤乎若流水！"钟子期死后，伯牙决然地将自己心爱的琴摔破，终生不再弹琴。因为这世间再没人懂得他琴声的真意，不值得再为他人弹奏。

所以，当李清照轻抚琴弦时，我们能听到的应该不是风，也不是这琴，而是自己心底的轻声低语吧——那是思念的声音。

"远岫出山催薄暮"，这一句确是极美。

陶渊明在《归去来辞》中说："云无心以出岫，鸟倦飞而知还。"一片无心的云，一群倦归的鸟，在薄暮的山影中隐约可见。这样的景致，如此美好，让人心情变得恬静闲适。难怪杨慎评价李清照这一句为"丽语"。

细雨在风中缓缓飞落，宛如在春的轻阴中踟蹰。梨花要谢了，终难淹留，恐怕只余下一缕雨后湿润的香了。

梨花落，总伤情。梨花，其实是闺怨的代名词，也许是"梨"与"离"谐音的缘故吧。

晏幾道在《生查子》中写道："金鞍美少年，去跃青骢马。牵系玉楼人，绣被春寒夜。消息未归来，寒食梨花谢。无处说相思，背面秋千下。"到了寒食节，梨花的花期即将过去，那些凋落的花瓣描摹出一片片思念的颜色。

以梨花写相思，更出名更有意味的是"雨打梨花深闭门"。这一意象在很多诗词中都出现过，最早可能是唐代刘方平的《春怨》诗："纱窗日落渐黄昏，金屋无人见泪痕。寂寞空庭春欲晚，梨花满地不开门。"

史达祖也有一首《玉楼春·赋梨花》：

玉容寂寞谁为主，寒食心情愁几许。前身清淡似梅妆，遥夜依微留月佳。

香迷蝴蝶飞时路，雪在秋千来往处。黄昏著了素衣裳，深闭重门听夜雨。

有关梨花的词，有秦观的《鹧鸪天·春闺》：

枝上流莺和泪闻，新啼痕间旧啼痕。一春鱼鸟无消息，千里关山劳梦魂。

无一语，对芳尊。安排肠断到黄昏。甫能炙得灯儿了，雨打梨花深闭门。

而写得最好也最得神韵的，还要数李重元的《忆王孙·春词》：

萋萋芳草忆王孙，柳外楼高空断魂，杜宇声声不忍闻。欲黄昏，雨打梨花深闭门。

梨花花姿清丽柔美，就如弱不胜衣的二八佳人，本已惹人怜惜，带雨的梨花就更有一种娇弱之态，让人仿佛望见风雨中无助的自己。黄昏雨迟迟，梨花深闭门。在这个暮春时节，重门紧闭，门后只剩一个孤独的身影伫立，独自听那雨打梨花的寂寥。其实，即使关闭心门，思念也让人无处可逃。

思念还未终结，梨花却终于要谢了。等到盛夏，会有果实；等到秋天，会有落叶。而那些琴声，随着这梨花之殒，在雨中轻轻飘散。

思念绵绵无期，只有等到重逢的那一刻，心中那个姹紫嫣红的春天才会回来吧。

卷二

一番风露晓妆新

那些洗尽铅华的花，淡淡容华，一如庄子笔下那位『肌肤若冰雪，绰约若处子』的出尘仙子。

卖花担上，买得一枝春欲放

——在相爱的那一刻，我们都只是孩子。

减字木兰花

卖花担上，买得一枝春欲放。泪染轻匀，犹带彤霞晓露痕。

怕郎猜道，奴面不如花面好。云鬓斜簪，徒要教郎比并看。

初恋时，仿佛总有一个喜悦的声音在耳边轻声诉说。那时候，每一朵花中都藏着爱慕，一如这首《减字木兰花》。

卖花，是当时汴京城中常见的一景。孟元老在《东京梦华录》中曾回忆说："是月季春，万花烂漫，牡丹芍药，棣棠木香，种种上市。卖花者以马头竹篮铺排，歌叫之声，清奇可听。晴帘静院，晓幕高楼，宿酒未醒，好梦初觉，闻之莫不新愁易感，幽恨悬生，最一时之佳况。"

当时，李清照应该常和新婚宴尔的夫君一起逛这缤纷的花市吧。卖花担上竹篮中，姹紫嫣红，仿佛把整个春天都装在里面。面对这似锦的花海，她该会怦然心动吧。

于是，她轻轻拣出一枝含苞欲放的花。花瓣上竟然还有点点晶莹朝露，宛如几滴清泪洇红了胭脂。那披着彤霞的花，是如此清雅绚丽，惹人喜爱。或许，这一切美好正如她此刻的心情。

她毕竟还是有些担心了。她不知道这清丽的花，会不会夺去自己的光彩。或者，她干脆就是起了争胜之心，决意要和这花一比芳容。于是，她把这枝花簪在鬓发之间，还让一旁的丈夫比比看，到底是这初次绽放的花娇美，还是自己的容颜更美？

真是个天真俏丽而又娇憨可爱的新嫁娘！对赵明诚来说，我猜他的回答也许是这样的：当然是你好看，你戴什么都好看。原来，男人的无奈，古往今来都是一样的。

这是一个富有生活气息又泛着淡淡芬芳的画面。不必质疑李清照会不会这样天真幼稚，因为在相爱的那一刻，我们都只是孩子。说不定，在张择端的《清明上河图》里，在汴京城喧闹的花市中，就有他们相偎而行的身影。

宋词中有一句：照人冰雪自天真。当时的她，正和这句中的女子一样，明丽纯真，宛似冰雪。

缘分，就是一个温暖的圆圈。也许你找了好久，才发现起点就是终点。经历过太多风雨，你才知道，幸福是多么可贵。"留人间多少爱，迎浮生千重变，跟有情人做快乐事，别问是劫是缘。"爱，其实就曾在我们的手边，最终却错失了的有多少？而沉浸在幸福中的李清照，也许没有想过，这桩美满的婚姻未尝没有目的。

关于这段婚姻，《琅嬛记》中讲了一个传奇般的故事。

在赵明诚小时候，他的父亲赵挺之就开始为他挑选未来的妻子。有一天赵明诚白天睡着了，梦见自己在背诵一本书。他醒来只记得其中的三句话："言与司合，安上已脱，芝芙草拔。"他将这个梦告诉了父亲。父亲解释说："你将会娶一个会写词的女子。'言与司合'，言字旁加上一个司，就是'词'字；'安上已脱'，安字去掉头，就是'女'字；而'芝芙草拔'，把'芝芙'二字去掉草头正是'之夫'二字。这不就是说你是'词女之夫'吗？"后来李家嫁女到赵家，新娘便是李清照了。

这个梦听起来未免有些荒诞。如果此事为真，唯一可能就是赵明诚倾慕李清照的词名，借梦境中事让父亲提亲。听起来似乎是个美好的故事，然而事实往往不如想象那般单纯，真相总是有它冰冷无情的一面。

李清照出嫁的这一年，是徽宗建中靖国元年（1101年）。这之前一年，也就是元符三年（1100年），宋哲宗驾崩，皇弟赵佶继位，也就是宋徽宗。赵佶继位时才十八岁，在朝中根基未深，皇太后向氏垂帘听政。向太后和哲宗在变法的问题上看法迥异，她支持旧党，坚决反对变法。哲宗一死，她马上起用因反对新法而被贬的韩忠彦为左相。此时的政坛，可谓山雨欲来风满楼，让身在其中的人琢磨不透，心神难安。

之前赵挺之是吏部侍郎，属于新党一派。在这样的情势之下，他想出的万全之策就是与属于旧党的礼部员外郎李格非联姻。据宋人笔记记载，赵挺之并不太喜欢赵明诚，但通过这桩婚事，他能做到左右逢源、进退自如，在变幻莫测的政坛扎下根基。向李家提亲，并不仅仅因为李清照慧心淑质，小有文名，或许更多的是赵挺之顺水推舟的一步棋而已。

向太后在建中靖国元年就去世了。宋徽宗亲政后的第二年，蔡京为右相，新党逐渐得势。其后李格非被贬，名字被刻上了元祐党人碑。虽然赵挺之与李格非是儿女亲家，但宦海沉浮数十载的他深知忤逆圣意的下场，因而对李格非的落难不闻不问，更不愿施以援手。当时的李清照，在无助中写下"何况人间父子情""炙手可热心可寒"的诗句，却终究无法劝动老于世故的赵挺之。

或许，李清照和赵明诚的相知相爱，只是一种偶然。他们确实是幸运的，如果李格非当时囿于派系之见而不同意这门亲事，李清照又将会嫁给谁呢？他的宽厚对亲家赵挺之来说，却成了被利用的工具。

生活，有时就像难解的寓言，不到最后无法知道它的真正含义。韶华盛极之后，只在风中零落成满目的伤。但在当时，命运藏起了它的剧本，他们终究还是相爱，这一出悲剧至少没有提前上演。

人生犹如大梦一场，青丝皓首，不过转瞬。我们在词中看到的她，天真烂漫，浅笑嫣然。春天是一抹斑斓的色彩，而她就像一个于春风中自在奔跑的小女孩。我们作为读者，也不忍去惊扰这份恬美与幸福。那嫣红的花，那清凉的露，那浅浅绽放的笑容，恍如她心底一个留存已久的梦。

绣面芙蓉一笑开

> ——有时，幸福很小很小，小到就像蒲公英的花，轻轻
> 飞散出去，在阳光下闪过你的眼睛。

浣溪沙·闺情

绣面芙蓉一笑开，斜飞宝鸭衬香腮。眼波才动被人猜。

一面风情深有韵，半笺娇恨寄幽怀。月移花影约重来。

新婚宴尔，是女人一生中最美的时期。

当她梳妆完毕，对着镜中的自己，只是浅浅一笑，满溢的幸福便藏也藏不住了。这时的她，会不会想起那句温暖的诗呢——"妆罢低声问夫婿，画眉深浅入时无？"那轻柔的话语，道尽了这世间所有的温馨与美好。

芙蓉如面柳如眉。白乐天的诗虽美，终究太过平淡单调，只如一幅华美而静止的工笔画。所以，她写道："绣面芙蓉一笑开，斜飞宝鸭衬香腮。"宝鸭，是鸭形的香炉。斜飞宝鸭，其实是指熏香散在

空气中的淡烟。她嫣然一笑，仿佛是那水中的莲花，在袅袅升起的氤氲雾气中，忽然瞬间就盛开了。蓦然的欣喜，在心中绽放。这样的感觉，就如第一次读到那句诗——"面朝大海，春暖花开"。

那时的她，明媚而俏丽，眼波流转之间，会惹起谁无尽的遐思呢？

"眼波才动被人猜"，这么简简单单，却是不可多得的佳句。清代田同之在《西圃词说》中说，读这样的句子，可以悟到词中的"真色生香"。或许很多人看不太懂古雅的词评，但李清照这样简约而又传神的句子，却能让所有人想象出她的明眸善睐，她的灵秀与婉柔。

《诗经·桃夭》中说："桃之夭夭，灼灼其华。"灿然开放、明艳动人的桃花，不正如当时的她吗？

韵，是美丽、标致的意思。"一面风情深有韵，半笺娇恨寄幽怀。"可见她对于自己的美丽，是多么自信。她把那么多那么久的期许与等待，暗自用工整的蝇头小楷写满了乌丝阑笺纸。只是，她的那位如意郎君会在哪儿呢？

读到这里，不由得想起了张爱玲的那句话：见了他，她变得很低很低，低到尘埃里，但她心里是欢喜的，从尘埃里开出花来。

女人是这个世界上最美丽又最让人琢磨不透的物种，她们总是如此自矜，却又总会情不自禁去寻觅一份散发着清香的爱。

等到月移花影的时候，他会回来吗？

"月移花影约重来"，源自元稹《莺莺传》里崔莺莺的诗句。她曾给张生写过一首《明月三五夜》：

待月西厢下，迎风户半开。

拂墙花影动，疑是玉人来。

后来由这篇传奇改编成的戏剧《西厢记》，就是由这首诗而得名。张生对崔莺莺一见钟情，崔莺莺虽然没有明说，对张生亦是芳心暗许。后来她写下了这首诗，让自己的侍婢红娘悄悄送给张生。然而当张生按照她诗中的约定前来相见的时候，她却又"端服严容"，板起脸来正言厉色地数落起张生来，说他是"非礼之动"，两人私自相会不仅"不义"而且"不祥"。

张生又羞又愧，以为没了希望。没想到几天后，莺莺忽然主动夜奔到张生的住所幽会。她来的时候"娇羞融冶，力不能运支体。曩时端庄，不复同矣"。

崔莺莺对张生一往情深，但张生终究还是要离开她赴京赶考。最终两人劳燕分飞，各自成家，不再来往。

后人考证这篇传奇中的"张生"，其实就是元稹本人。让人尤其难以接受的是，元稹不仅如张生一样抛弃了那个痴心的女子，还在篇末为张生百般辩白开脱，说张生善于弥补过失，甚至把崔莺莺称为"尤物""妖孽""不妖其身，必妖于人"。这决绝的态度，和当初的多情行状实在是判若两人。谁又能料到，写出"曾经沧海难为水，除却巫山不是云"这般深情款款诗句的元稹，竟然是个始乱终弃的负心人。

后人大多对崔莺莺寄予了无限的同情，对这篇传奇的结局亦多有不满。王国维在《人间词话》中说："读《会真记》（即《莺莺传》）者，恶张生之薄幸而恕其奸非。"鲁迅也在《中国小说史略》中评论说："篇末文过饰非，遂堕恶趣。"后来根据这篇传奇改编的戏剧，比如金代董解元的《西厢记诸宫调》和元代王实甫的《崔莺莺待月西厢记》，都纷纷为崔莺莺平反，亦都改成了二人最后完婚的结局。

幸好，李清照遇见的不是负心的张生。她的爱情与婚姻，是如此美满，让她在这词中似乎轻轻笑出声来。

有时，幸福很小很小，小到就像蒲公英的花，轻轻飞散出去，在阳光下闪过你的眼睛。一句问候，一个拥抱，一个吻，或许就是幸福的全部。原来幸福的模样，千百年来一直未曾改变。

草绿阶前，暮天雁断

> ——"心事竟谁知？月明花满枝。"那满树的相思，那个等待的人。

怨王孙

帝里春晚。重门深院。草绿阶前，暮天雁断。楼上远信谁传，恨绵绵。

多情自是多沾惹。难拼舍，又是寒食也。秋千巷陌，人静皎月初斜，浸梨花。

在汴京的时光，并不都如杯中的酒那般清冽甘醇。

凡有相聚，便有别离；有欣喜，自然也就有失落。人生百年，本就如此。

崇宁二年（1103年），赵明诚出仕，家中本不宽裕的生活开始有所改善，而夫妇二人此时也开始有"穷遐方绝域，尽天下古文奇字之志"。随之而来的，却是长久的离别——或许，真正的离别并不长，只是初夏的风把它牵得很长很长。

这时距离李清照与赵明诚结缡也不过两年。这两年应该是他们生命中最为甜蜜和美好的时光。无论如何，能在茫茫人海中找到彼此的总是少数。他们珍视如晨曦般美好的现在，却完全没有想到那晦暗不明的未来。

现时的春光，渺淡如烟。曾经的缤纷颜色，已消逝得无影无踪，像那些捉不住的欢笑。庭院深深，是望不穿的寂寞，相伴的只有夕阳下长长的影子。其实，寂寞只是一个慢慢适应的过程，就像这间熟悉的小屋，从这头，到那头；从两个人，到一个人。偶尔也会有风路过，吹起发丝，和那些方才平息的思绪。

阶前绿草如茵，是如此惹人怜爱。那翠色之中，潜藏着的又是谁思慕的心？

王昌龄的《闺怨》诗写道："闺中少妇不知愁，春日凝妆上翠楼。忽见陌头杨柳色，悔教夫婿觅封侯。"听上去似乎就是李清照当时的景况。但李清照并不像那位一心想让夫婿出将入相的唐朝女子，她没有这样的虚荣心。她曾以陶渊明的"不戚戚于贫贱，不汲汲于富贵"来明志。对于清贫，她可以安之若素。而官宦生涯，亦非赵明诚所热衷。那些大家美文、名家画作，还有那笔画古朴玄妙的金石文字，才是他们最为热爱也最为重视的东西。虽然他们有时候会因为不能买下珍贵的古画而遗憾，却不会为此而刻意追逐功名富贵。他们的生活，安宁中有坚持，还有一份与子偕老的淡然与欣喜。

汴京大相国寺的空地上，永远是熙熙攘攘，人流如织。到处都是摆卖的古玩字画，让人目不暇接。她总是想起和赵明诚相携去那里挑选文物书画的情景吧。虽然他们余钱不多，但偶有所得，便可欣然忘形。那是他们真正的乐土。

回到家中，两人一同细品那些笔墨的悠长意蕴，那些刻字的古朴劲直，那种心灵相通的会意和温馨，是旁人所难体会的。很多时候，身在其中并不觉得如何可贵，当一种生活倏尔远离，就会骤然感受到心中的失落。

雁鸣声声，蓦然惊断了这脉脉的思绪。大雁北去，像点点飘摇的纸屑，渐渐没入云端。凝望的时候，时间仿佛已经静止。但那青白色的天际，远非相思的尽头。有关鸿雁传书的传说，可能只是给思念的人一个小小借口，来忘却心中那淡淡的苦涩吧。

又是暖风吹面，杨花沾衣，这恼人的季节，总有几许拂不去的爱慕与情思。巷道中的秋千在寒食的风中轻轻摇摆，如同这思念的情绪，在无声中缓缓摇荡。人静始相思。那相思，就像一幅水墨山水，晕染了浓浓淡淡的情愫，越是不着点墨的地方，意蕴越是悠长。

陆昶在《历朝名媛诗词》中评价说："易安以词擅长，挥洒俊逸，亦能琢炼。最爱其'草绿阶前，暮天雁断'，极似唐人。"李清照作诗恢宏大气，在词中当亦能写出如唐诗般阔朗的句子，而她毕竟又有小女子的婉约情怀，就譬如词中月华，盈盈如水，浸透梨花。她的脉脉相思，早随着月光浸透了那花、那树，那笼着淡淡哀愁的小小院落。

在温庭筠的笔下，那些有关宫妆华服的女子的词或许让人觉得过于秾丽，却也有不少写景的句子是极好极清雅的。他曾在《菩萨蛮》中写道："心事竟谁知？月明花满枝。"这样的句子，正映照着李清照笔下的梨花，那满树的相思，那个等待的人。这一刻，静静地，什么也不用说，让情思如眼前的梨花，在溶溶月下灿然绽放。

相爱的人都知道思念的滋味，亦甜蜜，亦苦楚。爱情本就是个青苹果，我们能尝到其中的甘美，却也逃不过那些酸涩的况味。爱之愈深，思之愈切，思念就像一座没有出口的建筑，寻来寻去都不知道如何逃离。最深的寂寞并不是没有倚靠，而是忽然找不到那个熟悉的肩膀。

素色的梨花花瓣上，泛着微微的月华，似欣喜而哀伤的泪光。此刻，这一句"秋千巷陌，人静皎月初斜，浸梨花"只是让我们知道——原来，相思竟然可以这么美。

雁字回时，月满西楼

——在那些关于爱的诗里，我们都只是流光中的孩子，恰似这花一般盛开的诗句。

一剪梅

红藕香残玉簟秋。轻解罗裳，独上兰舟。云中谁寄锦书来？
雁字回时，月满西楼。

花自飘零水自流。一种相思，两处闲愁。此情无计可消除，
才下眉头，却上心头。

"红藕香残玉簟秋"，当她轻轻吟出这清丽无俦的句子时，宛若一个吞梅嚼雪、不食人间烟火的尘外仙子。能写下这般清美秀绝文字的，除了她，再不做第二人想。

荷花残落，清香已远，如同夏风中那些摇曳多姿的回忆；竹席沁凉如玉，这是一个宁静而寂寞的秋天。轻轻解下薄纱罗裙，换上便装，独自去泛一叶兰舟，让心情也在这波光粼粼的湖面上漂荡。

云卷云舒，烟波浩渺，天地是如此宁静而悠远。一封小小的锦书，能否越过千山送到你的手边？远方，有一行飘摇的雁字，它们将要归去那遥远的南国。而那一边的你，何时才能归来？月华如水，不觉洒满了小楼，如心中涟漪般轻轻荡漾的思念。

记得挽手逛花市时，那份"云鬓斜簪，徒要教郎比并看"的甜蜜；又或是对镜梳妆时，"眼波才动被人猜"的娇羞。新婚宴尔，一切都是如此美好，宛若某一次甜香的梦境。那些漾着幸福的时刻，仿佛就在昨天。但别离总是来得如此之快，快得让人措手不及，如同那倏尔远去的飞鸟，忽然在心底投下伤感的影子。

今夜，秋色依旧宜人。只是现在，手中的这一捧月光，又能予谁呢？

锦书，其实是锦字书。《晋书·列女传》中说："窦滔妻苏氏，始平人也，名蕙，字若兰。善属文。滔，苻坚时为秦州刺史，被徙流沙。苏氏思之，织锦为回文旋图诗以赠滔，宛转循环以读之，词甚凄婉，凡八百四十字。"蕙质兰心，就明白地写在苏氏的名字里，这个故事也正和她的名字一样美。那些织锦上的回文诗，该是她用思念的彩线密密缝成的吧。

李清照并不写回文诗，文字不是她的游戏，而是她的心。正因此她的句子才会读来如此浅近，又如此优雅动人，如同写在水上的诗。

济慈在他的墓志铭里说，他的名字是写在水上的。也许只有李清照的词，才真正配得上这样的赞誉，如那开了又落的花，如那自在卷舒的云。

"花自飘零水自流。一种相思，两处闲愁。"秋水终日默默流逝。花开花落间，这一缕相思，又牵动起两地的闲愁。莫名相信，那些相爱的人彼此都是有感应的。你的痛亦是我的痛，你的哀愁，只在我的手心里。

在那些关于爱的诗里，我们都只是流光中的孩子，恰似这花一般盛开的诗句。彼时，我们能心灵相通。

这萦绕在心头的浅浅哀愁，终究还是无法消除，才从眉梢悄悄落下，又在不知不觉间浮上了心头。她会静静等待，等着那些风过去，等着回到从前连阳光都甜蜜的日子。这一刻，恍若整个秋天都已幻灭，而在她痴痴的眼中，却能觅到些微欣悦的光芒。

《琅嬛记》中说，李清照结缡未久，赵明诚便要负笈远游。还沉浸在甜蜜与幸福中的她不忍分离，便觅一方锦帕，写下这首《一剪梅》送给夫君。

这故事很美。但其实在他们新婚时，赵明诚还在太学做学生，并且赵李两家都在汴京城中，他并没有许多出游的机会。不过我们可以相信故事里的细节。那一方小小的香帕，和那满溢的相思，都会被他珍藏于心吧。

这写在手帕上的词，仿佛可以咀嚼出清香的味道。

这样的文字，仿佛是天真的孩童用小木棍在沙滩上划出的深深浅浅的痕迹，当时间的潮水袭来，字迹会渐渐模糊消失；又仿佛已经深深刻入我们温暖的心里，永远不会遗忘。每一个曾经爱过的人，都曾如李清照一般等待过吧，等下一个天明，相爱的人会在美丽的曙光中重聚。

其实，世间所有思念着的人，都是如此普通，只有一点单纯的渴望，就是和爱人共沐晨曦与余晖，在每一天。

相思总是如此苦涩而持久，如清茶漫过舌尖的滋味。但等到重逢的那一刻，等到所有的思念都已得偿，心中生出的那份甜蜜与感动，就不是文字所能表达的了。

所以，思念总是值得的。而思念着的人，有时也是幸福的。

我想起了《漫长的婚约》末尾时的女主人公，和她那双噙满泪水的眼睛。

——在幻境般的夕阳下，她慢慢走过去。她望着眼前的那个年轻人，一直望着，望着他在那光里安静地坐着，向她微笑，并且说：你好吗？

然后，我们会听到那个温柔的画外音：

玛蒂尔德就在椅子上坐下，双手放在膝上，看着他。花园里的空气好温柔，阳光好温暖，玛蒂尔德看着他，看着他，就这样一直看着他……

　　那是我所见过的最美的字幕了。

　　就如这首词，如这世间所有能得到安慰的小小思念，或者，如你。

红酥肯放琼苞碎

> ——阳光从树林的间隙倾洒下来，而身边那些熟悉的人和事，在斑驳迷离中逐渐远去了。

玉楼春·红梅

红酥肯放琼苞碎，探著南枝开遍未？不知蕴藉几多香，但见包藏无限意。

道人憔悴春窗底，闷损阑干愁不倚。要来小酌便来休，未必明朝风不起。

这年梅花初开，却正是她扰扰不安的时候。

不过她毕竟还是爱梅花的。当她嗅到微微的香，便轻轻打开窗子，望向那仿佛微笑着的一抹嫣红。在她心里，梅花就是自己今生的知己。

天光暗淡的时分。那捧融在手中的雪，那杯渐已冷却的茶，都分明诉说着她心中的故事。仿佛时光缺了一个小口，落进了一个完全静止的所在。而她的千般意绪，就从那一枝小小的红梅发散开来，宛如暗香，盈满衣怀。

这时候，南枝都还未开遍，只有星星点点的嫣红颜色。那满树小小的花蕾温润如玉，宛如细碎的琼瑶点缀在枝头。那些蕴藏已久的香，也许会在某个夜里四溢开来。此时沉默的花蕾，仿佛包含了什么深意——为了那一刻的绽放，雪中的这株梅树已经等了许许久久吧。

其实，梅花亦知她的憔悴。

望远只是伤怀时。愁思困顿的时候，连阑干都懒得去倚。远方的云朵，又不知酝酿着怎样的风雨，天色阴沉，让人心中郁郁。所以，她只是在窗前，静静地待在那微微的光中。

还是小酌一杯吧，与自己，与梅花，这平生所爱的知己。满怀心事，似乎只能与眼前的梅花说。若花亦解语，它会用那幽微的香来回答吗？

幸福是隔着玻璃的花，看上去美丽，触上去却是冰冷。

李清照婚后不到一年，父亲李格非就因为政坛的风波而落难。李格非是"苏门后四学士"之一，这个身份在文坛不可谓不显耀，但因为苏轼属旧党，李格非也就成了崇宁初年得势的新党的眼中钉。

崇宁元年（1102年）七月，蔡京上台，李格非随即被罢免了京东提刑之职，之后名字被刻石上碑，不久后被贬谪到了偏远的象郡。这个时候，李清照的公公、赵明诚的父亲赵挺之在官场上却是如鱼得水，青云直上。李清照情急之下，给赵挺之上诗救父，希冀他能看在与赵明诚的父子之情上，帮助自己的父亲脱难。但赵挺之囿于党派之见，又不愿影响自己的仕途，全然不为所动。当初两家结亲时的融洽和睦，仿佛转瞬就消失得无影无踪。

心冷至极的李清照，此刻面对着满树梅花，又该有怎样的情绪？

时光总是自顾自漠然前行，从不理会人间的悲欢聚散。生与死，看上去相隔如此遥远，其实它们本就是邻居，正如欢喜与哀愁一样。她在宴尔新婚之时，笑靥如花，仿佛连呼吸的空气都泛着甜蜜的气息。但仅仅过了一年，让人心中愁郁的事就接踵而来。她有幸与心爱的人结缡厮守，却又不幸有这样一位不近人情的公公。现在她面对这样的时局，也只是有心无力。

现在和初婚时看梅花，早已是不同的心情。

其实我们的生活何尝不是如此。乐与忧，总是结伴而来。

当熟悉的音乐响起，心中忽然涌起莫名的感动；偶尔在梦中回到某个地方，重拾起失却已久的感觉；有时候我们总想找一个不太嘈杂的所在，安静地读读书，可是读完后，心中只有空空的失落。

李清照这首词，总让我想起从前，想起夏日里的清凉，想起自己很久以前写在笔记本上的那首小诗：

世界将一点微尘抹上了我的眼睛，让我看不到那广阔的美景。

彼时那漫山遍野的青草，那星星点点的野花，分明只是点缀心情的色彩。眼中的景色，不过是自己心情的投射罢了。没有那样欢愉的心情，再好的美景，也会为一抹微尘所遮挡吧。

我们跋涉过千山万水，才发现这不是自己想要的生活。那些无忧的日子让人怀念，只因为那时，就和她一样，我们还来不及忧郁。

梅花依旧清雅而静洁。但是在晦暗不明的天边，仿佛有隐隐的雷声。就像一张油画，画中的花朵总是娇柔美好，可那阴郁无声的背景却让人悚然心惊。朱彝尊说，词的末句深得梅花神韵，却不知他是指清美轻俏的姿态，还是解人情思的花语，抑或是梅花在风雨欲来时的惹人怜惜呢？

我想，梅花虽未全开，她已经等不及了。

明天总是难以逆料，何不现在就与花对酌，把酒言欢呢？若要等到风起的那一刻，面对着满地的落花，还当如何呢？

醉梦中，她握于手心的这缕梅香，渐渐散去。这温婉的词句，恍似一个看过却总也想不起来的影像片段：阳光从树林的间隙倾洒下来，而身边那些熟悉的人和事，在斑驳迷离中逐渐远去了。

淡荡春光寒食天

——微雨只似未来时。那些浮世的碎屑，莹润而多情，它们纷扬飘洒，点染着春末的黄昏，就像那捉摸不定的清愁淡绪，又或者，心中暗藏的那些无法企及的怀想。

浣溪沙

淡荡春光寒食天。玉炉沉水袅残烟，梦回山枕隐花钿。

海燕未来人斗草，江梅已过柳生绵。黄昏疏雨湿秋千。

又是一年寒食节。春光融和，充盈着街市与郊野。

"淡荡春光寒食天"，这般清新可人的句子，宛若信手拈来。此时汴京城中的李清照正值大好年华，小有才名的她面对即将过去的春天，在思量着什么呢？

暮春是个好时节，正如江淹在《别赋》中写的那样，"闺中风暖，陌上草熏"。香炉上的袅袅残烟，只是这个慵懒季节的小小片段，沉水香消，似有着更加悠长的余味。春梦初醒，容妆未整，她便斜倚在枕上怔怔出神，好似梦中的景象还未从眼前消散。此情此景，宛若一幅优雅的仕女图。

李清照依然有着纯朴的童真。燕子还未从海上归来，女伴们已开始在花园院落斗草嬉戏。在这梅花落尽的时节，柳绵早已飘荡在暮春清冽的空气中了。

斗草是一个古老的游戏，又称蹋百草。南北朝时民间就有端午节斗百草的风俗。南朝梁的宗懔在《荆楚岁时记》中说："五月五日，四民并蹋百草，又有斗百草之戏。"唐代风行于宫廷与民间。这风俗到了宋代依然很流行，只是时间不再是端午，而是春分到清明期间。北宋大词人晏殊的《破阵子·春景》中也提到小女孩斗草："疑怪昨宵春梦好，原是今朝斗草赢，笑从双脸生。"宋末吴自牧的《梦粱录》卷一说："二月朔（初一）谓之中和节……禁中宫女以百草斗戏。"清明前后春意盎然，女孩们步出闺阁，去院落中搜集奇花异草，相互比拼或斗智，是她们乐此不疲的游戏。

斗草其实有两种玩法。其一是小孩子两人各持草茎，把两根草钩在一起，用力拉扯，被拉断的那方就是输家。这种玩法一直流传到现在，估计我们不少人小时候都玩过这样的游戏。

其二，稍年长的文人侍女或大家闺秀，由一人报自己手中的花草名，其他人也以花草的名字来作对子。如果有人报的花草名令其他人都对不上，就算赢了。

《红楼梦》中亦有斗草的情节，就是第二种。在第六十二回中，写得详尽又生动。那些女孩聚在一起，用采来的花草的名字连缀比对，香菱因为说了一个"夫妻蕙"而被大家取笑了一番。

外面小螺和香菱、芳官、蕊官、藕官、荳官等四五个人，都满园中顽了一回，大家采了些花草来兜着，坐在花草堆中斗草。这一个说："我有观音柳。"那一个说："我有罗汉松。"那一个又说："我有君子竹。"这一个又说："我有美人蕉。"这个又说："我有星星翠。"那个又说："我有月月红。"这个又说："我有《牡丹亭》上的牡丹花。"那个又说："我有《琵琶记》里的枇杷果。"荳官便说："我有姐妹花。"众人没了，香菱便说："我有夫妻蕙。"荳官说："从没听见有个'夫妻蕙'！"香菱道："一箭一花为'兰'，一箭数花为'蕙'。凡蕙有两枝，上下结花者为'兄弟蕙'，有并头结花者为'夫妻蕙'。我这枝并头的，怎么不是？"荳官没的说了，便起身笑道："依你说，若是这两枝一大一小，就是'老子儿子蕙'了？若两枝背面开的，就是'仇人蕙'了？你汉子去了大半年，你想夫妻了，便扯上蕙也有夫妻，好不害羞！"

书中所写的游戏，是如此生动。李清照和她的女伴们所玩的，多半也和《红楼梦》中一样。一群洋溢着青春气息的少女在这融和春光中嬉闹游戏，是一幅多么美好的画卷。那时候的她，还是个童心未泯的少女吧。

微雨只似未来时。那些浮世的碎屑，莹润而多情，它们纷扬飘洒，点染着春末的黄昏，就像那捉摸不定的清愁淡绪，又或者，心中暗藏的那些无法企及的怀想。

那一个精巧的"湿"字，在不经意间诠释了她此刻的心情。春天总会过去，她无忧无虑的少女时代也即将过去。或许就在这个小雨的黄昏，眼中蒙着淡淡雾气的青衣少女将不再天真。

冯延巳在《南乡子》中写"细雨湿流光"，这优美的句子，就如李清照当时的心情。曾经的天真烂漫、笑靥如花，终于还是付与这止不住的流光了。从她手边悄悄溜走的，又何止这一份雨后的心情。从那小小的秋千上，她仿佛看出了一个季节的终结。

夏日终将来临。犹记暮春时节一场黄昏小雨，伴着四散的柳絮，流光转换中映出一个带有淡淡惆怅与希冀的清影。

绰约俱见天真

——盛世汴京，那个清丽素雅的女子立在这恬淡春光中，依然无忧如一株小小的芍药。在她的笔下，那些郁郁的芬芳，如海一般盛开。

庆清朝

禁幄低张，彤阑巧护，就中独占残春。容华淡伫，绰约俱见天真。待得群花过后，一番风露晓妆新。妖娆艳态，妒风笑月，长殢东君。

东城边，南陌上，正日烘池馆，竞走香轮。绮筵散日，谁人可继芳尘。更好明光宫殿，几枝先近日边匀。金尊倒，拼了尽烛，不管黄昏。

这首词有些特别，上阕咏芍药，下阕写到了郊游。词中一派升平盛世的景象，这在她的词作中是不多见的。

"娉娉袅袅，芍药枝头红玉小。"芍药仿佛是春天宠爱的女儿，娇艳俏丽，惹人怜惜。她在风中自在地生长，帷幄下、雕栏边，芳踪处处。那些洗尽铅华的花，淡淡容华，一如庄子笔下那位"肌肤若冰雪，绰约若处子"的出尘仙子。

暮春的风早已经吹落了轻花无数，只有她在此时掬一抔晨露，露出盈盈的笑影。仿佛是一位妒风笑月的可人儿，娇媚无限。因她的容仪美态，司春的东君悄悄淹留。苏轼说："多谢化工怜寂寞，尚留芍药殿春风。"如果少了她，这即将逝去的春天又会失去多少颜色呢？

这首词上阕的句子如芍药一般清丽，初读也不觉得与其他的咏花词有什么不同。然后细读会发觉其中有着小小的机巧与心思——她把很多种芍药的名字都嵌入词中，却又不露痕迹，自然晓畅。

据宋代王观的《扬州芍药谱》中的花名，"容华淡伫"就是指"素妆残"，属中品中的上品；"一番风露晓妆新"中的"晓妆新"，本身就是花名，属上品中的上品；"妖娆艳态"，或是指"积娇红""醉娇红"，都是中上之品；"妒风笑月，长殢东君"，或是指"妒娇红""妒鹅黄""怨春红"等花名了。

李清照聪敏灵慧而又博学多才，不仅精于词道，对于花品也是熟稔于心。如此婉约灵秀的才女，无怪后世无数人为她和她的词着迷。

这个临近清明的春日，正是汴京城里一年中最为热闹的时节。城中人纷纷外出，去郊野饮酒赏花，听歌观舞，一派融和繁盛的景象。

孟元老《东京梦华录》中记录了当时的盛况："都城人出郊。……莫非金装绀幰，锦额珠帘，绣扇双遮，纱笼前导。士庶阗塞诸门，纸马铺皆于当街用纸衮叠成楼阁之状。四野如市，往往就芳树之下，或园囿之间，罗列杯盘，互相劝酬。都城之歌儿舞女，遍满园亭，抵暮而归。……缓入都门，斜阳御柳；醉归院落，明月梨花。诸军禁卫，各成队伍，跨马作乐四出，谓之'撺脚'。其旗旄鲜明，军容雄壮，人马精锐，又别为一景也。"

李清照眼中的这个春日，正像书中写的一样。煦暖的阳光普照街市与乡野，无论东城还是南陌，到处都是车水马龙，川流不息。笙歌遍地，满目春光，的确令人赏心悦目。

这时，她似乎又有了小小的忧伤：如果等到郊野的筵席散尽，这个春天也就要过去了。那些曾经娇艳美好的花儿，也将会凋残落尽吧。"零落成泥碾作尘，只有香如故。"到了那个时候，除了陌上的香尘之外，这满目的缤纷就要消失了吧？

不过眼前阳光下明媚的花，早已冲淡了她隐隐的伤感。或许，她本来就不该自寻烦恼。

"更好明光宫殿，几枝先近日边匀。"看那宫墙外向阳的花清芬吐蕊，惹人怜爱。明光宫与明光殿是汉代皇城内的宫殿，这里指汴京的皇宫。其实"日边"可以说是向阳，也可以指帝王左右，比如李白诗中就说："闲来垂钓碧溪上，忽复乘舟梦日边。"

这一句，也让人想起唐代宫中关于芍药的那个小故事。

《开元天宝遗事》中有一则名为"花妖"，说有株种在沉香亭前的芍药，有一天忽然开花了。早上的花是深红的颜色，中午却变成了深碧，傍晚又转为深黄，夜间变成粉白色，"昼夜之内，香艳各异"。唐明皇并不惊讶，他对左右侍从说：这是花木之妖，不用太过惊奇。

也许，正是暮春的芍药太过娇艳，才让人有了"花妖"的遐思吧。

所以，还是不要负了眼前这大好的春光吧。且对花举觞，和着淡淡花香，将美酒一饮而尽，又何必去管金乌西坠、黄昏已至呢？即便黑夜来临，这筵席之上还留有尚未燃尽的残烛呢。

那些有关春天的词句，如一缕清香溶入水中。盛世汴京，那个清丽素雅的女子立在这恬淡春光中，依然无忧如一株小小的芍药。在她的笔下，那些郁郁的芬芳，如海一般盛开。

正人间、天上愁浓

——那些曾经写下的诗，在这多风的季节散作无数如蝶轻舞的落叶。而那月下的秋风只是漠然前行，早已遗忘了这纷飞的悲伤。

行香子

草际鸣蛩，惊落梧桐，正人间、天上愁浓。云阶月地，关锁千重。纵浮槎来，浮槎去，不相逢。

星桥鹊驾，经年才见，想离情、别恨难穷。牵牛织女，莫是离中。甚霎儿晴，霎儿雨，霎儿风。

初秋最美好的日子，应该就是七夕了。传说每年只有在这一天，已化作星辰的牛郎与织女，才能跨过那条隔绝了爱恋的天河，在鹊桥上相会。正是有了他们这一晚难得的依偎和那年年月月的守望，才有了星光间的浪漫与忧伤。

历代关于七夕的诗词不胜枚举，其中最出名的就是秦观的这首《鹊桥仙》了：

纤云弄巧，飞星传恨，银汉迢迢暗渡。金风玉露一相逢，便胜却人间无数。

柔情似水，佳期如梦，忍顾鹊桥归路。两情若是久长时，又岂在朝朝暮暮。

秦少游的词，是何等曼妙与多情。不过秦词固然写得流光溢彩，词人自己却只是个驻足叹息的旁观者。而李清照的词，写的却是担忧那久远传说的悲剧会在自己身上重演。她生怕那漫长的等候，最后变成望夫石般的落寞凝望。

北宋崇宁初，新党得势。三年（1104年）夏六月，宋廷重定党籍，元祐党人被刻上石朝堂，蔡京奉诏呈"元祐奸党"名录。九月，赵挺之官授门下侍郎。崇宁五年（1106年）三月间，赵挺之成为尚书右仆射，但第二年被罢免，忧疾以逝。而在崇宁五年的正月，旧党已重新上台，毁元祐党人碑。随后大赦，宋廷再度起用元祐党人。

李清照的父亲李格非亦深陷这场政治风波之中。在元祐党人碑上李格非的名字赫然在列，而早在刻碑之前他已被罢官。赵挺之与李格非虽然是亲家，却分属新旧两党。赵挺之心机深沉、老谋深算，在李格非落难时，他不愿影响自己当时正如日中天的大好仕途，并未施以援手。

其实，赵挺之与儿子赵明诚的关系亦颇为冷淡。赵明诚思慕苏东坡与黄庭坚的文采，极爱两人文章，但苏黄二人恰恰都是旧党，也是赵挺之的政敌，故而赵挺之很是不喜欢这个儿子。救父心切的李清照写下"何况人间父子情"的诗句，想以赵家的父子亲情来说服公公，依旧不能打动赵挺之那颗冷峻的心。李清照心灰意懒，后来甚至写下"炙手可热心可寒"这样的诗句呈给当时位高权重的赵挺之，可见她心中的忧愤与失望。

在这样的大风浪中，她所能做的，也许只有沉默了。她想要改变些什么，但这远非她能力之所及。她相信爱情，也不得不信这苍凉的现实。

草间的虫鸣声传来，已经泛黄的梧桐叶似乎也被这声音惊扰，从枝头飘然落下。在这周遭悄寂的秋夜，忧愁总是如此轻易地爬上心头。人间天上，或许都是一样吧。

"云阶月地一相遇，未抵经年别恨多。"这是杜牧的诗。天河中，有无数的船，却总也望不到来接她与情郎相会的那一只。眼前的浅浅星河，是蹚不过去的天堑。她在这边，他在那边，他们互相守望的星光，宛似小小的泪珠，让人们感受到生生世世无尽的哀愁。

我们可以想见她写这首词时的心境。在政局变幻的惊涛骇浪中，她一个无权无势的小小女子又能如何呢？惶然四顾，周遭只有冰冷的雨滴。她与赵明诚结缡未久，似乎与丈夫的未来，都成了未知之数。"心似双丝网，中有千千结"，也许正像她此时的心情。徘徊久，绪难平。人世间总有这样的悲伤与无奈，是任谁都逃不过去的劫。一句"纵浮槎来，浮槎去，不相逢"，就像她人生的隐喻，抑或是无意间吐露的谶语。在许多年以后，她终究是要承受半生的孤独。天上人间，永不相见。

当七夕来临、鹊桥搭起的那一刻，他们再握彼此的手时，既是重逢，又即将离别。他们眼中闪动的泪光，是因为欢喜还是因为悲伤呢？在风云变幻、阴晴不定的时节，想要长相厮守竟是如此艰难。"甚霎儿晴，霎儿雨，霎儿风。"这迷雾般的未来让她忐忑难安，即便那一份藏在手心的幸福，也开始觉得难以把握。

在历史的转折处，凡人的小小悲欢显得多么微不足道。他们的轻叹宛若无人在意的微尘，只有透过窗户的阳光，才显出它们飘落的轨迹。李清照的这首词，其实不是写七夕时牛郎织女的守望，而是在写她的彷徨与惶惑。此时此刻，即使是小小的虫鸣，也会让她悚然心惊吧。那草际的虫鸣，惊落的不只是落叶，还有一颗忧扰的心。她无力改变什么，只是希望自己和爱人能度过艰难的日子，回到从前的甜蜜时光。

但，很多事情已经无法改变了，此刻唯余一声叹息。北宋王朝的改革没能兴利除弊，反而激起了保守派的强烈不满，引发了旷日持久的党争。表面的繁华早已掩饰不住内里的空虚，区区数万金兵在不远的将来摧毁了这曾经繁华无比的中原王朝。

　　探望前路，她的眼神只如秋雾般迷离。七夕本是女儿节，这时的她，还会想起自己少时乞巧的无忧时光吧，但已经回不去了。幸福而安定的生活在哪里？夜空的星光并不能给她答案。她只能在期待中写下自己的不安与希冀。

　　天河依旧缓缓流淌，那种宁静与旷远，让人觉得生命是如此卑微与渺小。那些曾经写下的诗，在这多风的季节散作无数如蝶轻舞的落叶。而那月下的秋风只是漠然前行，早已遗忘了这纷飞的悲伤。

卷三

帘卷西风，人比黄花瘦

夜色清凉如水。月光转动，将脉脉的相思与淡淡的哀愁洒了一地。

起解罗衣，聊问夜何其

> ——忧伤是夜色中无声泛起的凉。它如此真切而熟悉，宛如故人重临。

南歌子

天上星河转，人间帘幕垂。凉生枕簟泪痕滋。起解罗衣，聊问夜何其。

翠贴莲蓬小，金销藕叶稀。旧时天气旧时衣，只有情怀，不似旧家时。

孩提时仰望夜晚的天空，总觉得星星就是夏夜神秘的眼睛。而现在，时间仿佛和星星一样只是轻轻眨了一下眼，那个托着腮遐思的小孩忽然就已不见，曾经静谧而安宁的世界也早已面目全非。

时光跨越伤痛，一路小跑向前。那些词里咏叹过的岁月，如往日的星光轻轻洒落在肩头。在这个城市灯火遮蔽了夜空星光的年代，再来读这首词，总是会有些不一样的感受吧。

忧伤是夜色中无声泛起的凉，它如此真切而熟悉，宛如故人重临。星河流转，帘幕低垂，还有那隐在窗后不语的眼眸。当整个世界已然沉默，只有那对星空的凝望，穿越了时光之殇。

我们或许都有过这样的夜晚。在生命的某一个瞬间，你会觉得身下的床仿佛只是泊在时光河流中的一叶小舟。这个时候，什么都可以想，什么也可以不想。什么会淡忘，什么又会记起？什么是伤痛，什么又是欢喜？其实这世上有太多的事，由得你忘记，却由不得你逃避。生活的路，有时候并不是自己能够选择的。人生路上的每一个孤独旅者，也许都刻意藏起了自己的沧桑眼神。

人们封禁在心中的纯真，也许永远难以冲破这人间的淡漠与悲凉，只能凝成冰冷而锋利的碎片，扎破心、刺出血。

恍惚间，仿佛听到夜在轻轻叹息，也许不过是流连于叶梢的微风吧。

黑暗之中涌来的莫名思绪，宛如一支不知名的曲子，无人在意，独自悠扬。不知什么时候，也不知什么缘由，泪水就浸透了枕席。当你蓦然惊觉时，只见星光闪耀，夜色深沉。

人或许总要经历一些事情，正如这世界永远无法避免悲剧的存在。在北宋大观元年（1107年），李清照的夫家赵氏家族遭遇了极大的变故。

这年年初，蔡京重新被任命为左仆射（宋代左右仆射相当于宰相）。赵明诚的父亲赵挺之与蔡京虽同为新党，但两人数度争权，素来不睦，赵挺之曾在皇帝面前"屡陈其奸恶"。到了三月份，蔡京终于得势，赵挺之被免去了右仆射之职。这对登上相位刚满一年的赵挺之来说，无疑是一个极为沉重的打击。罢相五天后，赵挺之就饮恨辞世了。

然而，这远不是事件的终点——正如命运之神从来就不会掩饰它的残忍，永远在刀光中挥洒自己的快意。

赵挺之已死，蔡京却仍然不肯罢休。朝廷原本追赠赵挺之为司徒，后来这个封号也被剥夺，降为观文殿大学士。在权势熏天的蔡京的打压下，赵家在京城已难于立足，不得不举家徙居老家青州。李清照也在这年秋天离开汴京，随丈夫赵明诚来到山东。

旧时的衣裳，不过令人平添伤感罢了。那些翠贴莲蓬、金丝藕叶，原本是多么华美精巧的纹饰啊，而现在翠绿与金黄都已淡去，就如生活被剥去外衣而露出本色。还记得当年那个"云鬟斜簪，徒要教郎比并看"的新嫁娘吗？她彩裳如霞，娇颜似花，是那般惹人怜爱。如今却只成了眼中的影，心底的伤。美好的岁月蓦然远去，那些随意而歌的日子，或许再不会回来了。

今夜，所有的怅惘和感伤，如同月下的浮云，带着一点凄凉的颜色。

夜如何其？夜未央。

虽然纷扰的乱局让人心中黯然，但等待中的人还不至于绝望——

因为就算黎明再遥远，黑夜里也会有依稀的希望之光。只要心灵还有归属和依靠，就不至于骤然崩塌。夜何其，就是问长夜什么时候才能过去。长夜漫漫，月光照见彷徨，但人们都愿意相信，总有希望在人间。清晰也好，渺茫也好，希望就是绑在树枝上的那根柔软的黄丝带，当你看见时，总会心安。

其实这时候的李清照，仍然算是幸运和幸福的。虽然清贫，但依旧可以安然生活。青州这十年，是她生命中最为安宁和闲适的日子。丈夫少有功名公事的拖累，两人可以安心做他们喜欢的事情。赌书泼茶，听琴观雨，有这样的乐趣，夫复何求呢？

可是离别总还是让人黯然神伤的。在汴京她度过了一生中最为美好的时光。春天雨后的卖花声，秋日河边的寒蝉鸣，化作回忆里一抹淡淡的颜色，点缀着如今有些清寂的日子。旧时衣裳，旧时天气，只是情怀多了一分怅惘，少了一丝欢欣。

也许，这首词写的不过是某个秋夜里她的一丝惆怅、一段怀想罢了。李清照并没有料到，在她的生命中，还有更大的风雨在前头。那些带来无尽哀痛和伤感的故事，还没有真正开始。

清凉的风在秋夜里不小心遗漏了一个音符，一声叹息。在渺淡的星光下，如果你轻轻捉住了它，才会蓦然发现那些原本深藏在心中的秘密。

雪清玉瘦，向人无限依依

——那些小小的花儿，装饰了你的眼睛，也装饰了你的心。

多丽·咏白菊

小楼寒，夜长帘幕低垂。恨萧萧、无情风雨，夜来揉损琼肌。也不似、贵妃醉脸，也不似、孙寿愁眉。韩令偷香，徐娘傅粉，莫将比拟未新奇。细看取、屈平陶令，风韵正相宜。微风起，清芬蕴藉，不减酴醿。

渐秋阑，雪清玉瘦，向人无限依依。似愁凝、汉皋解佩，似泪洒、纨扇题诗。朗月清风，浓烟暗雨，天教憔悴度芳姿。纵爱惜、不知从此，留得几多时。人情好，何须更忆，泽畔东篱。

李清照长于小令，长调写得并不多。偶有所作，或是因为心中所感蕴藉曲折，是那些小令难以表达的吧。

这首词所用典故之多，是流传到现在的易安词之最。李清照用典的词本就不多，更少这样一句包含数典的。不过她用典，亦如大珠小珠落玉盘，并不嫌累赘拖沓。况周颐曾评论说："李易安《多丽·咏白菊》，前段用贵妃、孙寿、韩掾、徐娘、屈平、陶令若干人物，后段'雪清玉瘦''汉皋纨扇''朗月清风''浓烟暗雨'许多字面，却不嫌堆垛，赖有清气流行耳。'纵爱惜、不知从此，留得几多时'，三句最佳，所谓传神阿堵，一笔凌空，通篇俱活。歇拍不妨更用'泽畔东篱'字。"意思是说，词中虽有许多典故和辞藻，因为词意晓畅，所以并不显得堆砌或凌乱，而词末更有点睛之笔，令全词皆活。

所以说，李清照的词也可以写得如清真词（周邦彦的词）那般清雅典丽。只不过这些词，可能不是她最喜欢的那一类，也作得很少罢了。

屏居青州，山色美好。

秋来小楼轻寒，暮光为那清雅的白菊蒙上了一层薄纱。此时的她，唯恐那无声而来的夜雨，会折损菊花细腻如玉的肌肤。

这时的菊花，既不像贵妃娇憨的醉容，亦不似孙寿柔媚的愁眉。即使以偷香的美男子韩寿（即上文中的韩掾）或"傅粉"的徐娘来比，都显得不够新奇妥当。其实，仔细看那菊花的风致，或许只有与屈原与陶潜相比，才能突显其神韵吧。风起的时候，那郁郁的芬芳，直让人想起了初夏，想起了酝酿花开的时候。

来说说这几个典故吧。

"贵妃醉酒"，记录在李濬的《松窗杂录》里。书中说，唐玄宗有一次在内廷赏花，问起宫中画师现下盛传于京邑的牡丹诗，画师说是李正封的"国色朝酣酒，天香夜染衣"。而后唐玄宗就对杨贵妃说，如果她在梳妆台前饮一紫金盏酒，就如李正封的诗中那样了。其实既使杨贵妃并没有醉酒，只是那想象中的一抹红晕，便已让人倾倒了吧。

"孙寿愁眉"，是说东汉梁冀妻子的仪态。《后汉书·梁冀传》中说："妻孙寿……色美而善为妖态，作愁眉、啼妆、堕马髻、折腰步、龋齿笑，以为媚惑。"孙寿愁眉时的娇媚之态，在这短短数十个字中形神毕现。

"韩令偷香"，其实应当是韩寿偷香。因为"寿"字与上面孙寿的"寿"重了，所以改为"韩令"。这是《世说新语》中一个著名的故事，不过在这个故事里，偷香的人并不是韩寿。韩寿是西晋时有名的美男子，在晋国大臣贾充家做司空掾①。有一天，贾充的女儿贾午偶然看到了韩寿，大为倾慕，就让侍女暗中联系他，并时常和他幽会。不仅如此，贾午还将父亲的西域奇香偷来送给了他。其他幕僚闻到这种异香，就告诉了贾充。贾充知道后并不声张，反而把女儿嫁给了韩寿，成全了这一对小情人。韩寿偷香，现在一般指男女暗中通情。在词中意思是说韩寿的"美姿容"让人迷恋，甚至不惜为之冒险偷香。

"徐娘傅粉"，其实包含两个典故。徐娘是南朝梁元帝的妃子徐昭佩。有人评价她说："徐娘虽老，犹尚多情。"成语"徐娘半老"

---

① 掾音yuàn，意为副官、佐吏。

就由此而来，指虽已中年却风韵犹存的女子。"傅粉"，则是《世说新语》中何晏的故事。何晏是三国时魏国人，"美姿仪，面至白"，以至于魏明帝曹叡还怀疑他脸上涂了粉。这里也是取容貌娇美之意。其实，这句可能是传抄有误。四个短句中只有这一句用了两个典故，显得有些不伦不类。如果改为"何郎傅粉"，则平仄相合，文从字顺，而且前面的贵妃与孙寿都是女子，韩寿和何晏都是男子，句式词意会显得更齐整妥帖。

贵妃、孙寿、韩令、徐娘都是讲容貌仪态之美，而李清照看重的是菊花品格之清逸。所以，她不愿拿菊花与外表光鲜的人相比，偏要将其比作屈原与陶潜。可见她真正爱的，是花的精神品格。

秋意渐阑珊。这阶前的菊，宛如枝头晶莹的雪，或是小小的玉玦。菊花在风中微微摆动。在淅沥的秋雨间，在夜的絮语中，那依依向人的样子，让人心生怜爱。

或许，菊花就是仙子解下的玉佩吧？《〈韩诗外传〉补逸》中说，郑交甫在楚地游历时，在汉皋台下遇到了两位容颜清丽的女子。他上前大胆表白了爱意，那两位女子非但不生气，还解下了腰间的玉佩送给他。可是一转眼，两位女子就不见了，郑交甫手中的玉佩也消失了。这惹人怜又惹人爱的菊花，会不会在以后倏尔不见、不辞而别？

又或许，这白菊是班婕妤的泪滴凝成的吧。班婕妤是汉成帝的妃子，善诗赋，有美德。她本来深得成帝喜爱，但后来失宠了。为了抒发心中的苦闷，她写下了著名的《团扇歌》：

新裂齐纨素，皎洁如霜雪。

裁成合欢扇，团团似明月。

出入君怀袖，动摇微风发。

常恐秋节至，凉飚夺炎热。

弃捐箧笥中，恩情中道绝。

　　原本让人爱不释手、"出入君怀袖"的小小团扇，现在却被"弃捐箧笥中"，遭到无情抛弃。而班婕妤那盈盈的泪光，仿佛化作了这秋日的白菊……

　　天总会有不测的风雨。菊花终究会憔悴凋落，芳姿不再，即使再爱惜，又能留到几时？而阶前篱下女词人那清秀的身影，也会消失于浓云飞雨之后吗？

　　泽畔，是屈原的行吟之处；东篱，在陶潜的饮酒歌中。面对这清幽高洁的菊花，李清照却忽然悟到：只要人情自适其适，应时菊赏，又何必去想屈子或陶令的那些风节韵致？因为，眼前这一枝清雅的菊，已是他们所歌咏的全部。

　　这首词也有几许自况之意。李清照深爱菊花，不仅因为那莹润如雪的花冠，更因为那立于萧瑟秋风中的卓尔不群和优雅风致。

　　那些小小的花，装饰了你的眼睛，也装饰了你的心。

一年春事都来几

> ——在这个春天的下午,她思绪如蝶,在阳光下翩然起舞,从未停歇。

青玉案[①]

一年春事都来几,早过了、三之二。绿暗红嫣浑可事。绿杨庭院,暖风帘幕,有个人憔悴。

买花载酒长安市,争似家山见桃李。不枉东风吹客泪。相思难表,梦魂无据,惟有归来是。

曾经那些时光,就这么轻描淡写地过去了。

这一年的春光,屈指算来还能有多少呢?不觉间春天早已过去大半,只剩下在风中默然不语的芳丛。绿意渐浓,红花正好,但这些曾经让她心醉神迷,亦让她写下绚烂辞章的景致,现在看来,都只是无须挂怀的风景而已。柳荫庭院,风又吹起了帘幕,那个婉丽的青衣女

---

① 这首词多被认为是欧阳修所作。

子正随着春天一起老去。

柳永说，衣带渐宽终不悔，为伊消得人憔悴。这无解的相思，却为何不能随春光一同逝去呢？

这个世界上有两种人，一种人豁达，一种人沉郁。但即使豁达如苏轼，也会吟出"十年生死两茫茫"这般深情不渝的句子。其实无论是谁，都逃不开心中最深的思念。越是寒冷的时候，越能感觉到衣服带来的温暖，就如越是孤单时，就越有依靠的渴望。

这样的时候，再美好的景致，都是黯淡无光的。

在这个春天的下午，她思绪如蝶，在阳光下翩然起舞，从未停歇。

明代杨慎评论这首词说：离思黯然。这难以割舍的离愁别绪，让她又一次想起从前在汴京的美好时光吧？

汴京的花市，总是那么绚烂多姿。在那里，她留下了太多温馨的回忆。她想起携手去花市，有"卖花担上，买得一枝春欲放"的惊喜，亦有"云鬓斜簪，徒要教郎比并看"的甜蜜；想起在家中庭院，有冬雪时的温酒踏雪、"共赏金尊沉绿蚁"的浪漫，亦有秋风起"雁字回时，月满西楼"的柔情。其实，只要身边有他，这世界的每一处，都会变得明亮起来吧。

现在，他却不在身边。他所在异乡的美景，哪里比得上桃李满山、芬芳遍野的家乡呢？客居的他，或许也曾将一丝清泪，遗落在这尽日不休的东风中吧。

　　每每读到这句"买花载酒长安市"，我就想起当垆卖酒、笑靥如花的才女卓文君。她如李清照一般，多才且多情，敢言亦敢爱。

　　卓文君是汉代临邛大富商卓王孙的女儿。她聪明美丽，好音律，又能诗文。那时她十七岁，年纪轻轻就在家守寡。某一天的筵席间，司马相如弹奏了一曲《凤求凰》。这多情又大胆的表白，让卓文君倾心不已。她不顾父亲的反对，深夜逃出卓府，与情郎相携私奔。

　　然而幸福不会就这样如期而至。她与司马相如私奔到成都之后，才发现除了爱情，他们几乎一无所有。聪慧的文君不会因此放弃这得来不易的爱情。她与司马相如商量之后，返回临邛。她并没有回卓府，而是变卖车马，买了一家酒店，当垆卖酒。在临邛颇有身份地位的卓王孙深以为耻，只得分财产与她，让小夫妻重新回到了成都。

　　据《西京杂记》上说，司马相如后来准备聘茂陵人之女为妾，于是卓文君写下了著名的《白头吟》："皑如山上雪，皎若云间月。闻君有两意，故来相决绝。今日斗酒会，明日沟水头。躞蹀御沟上，沟水东西流。凄凄复凄凄，嫁娶不须啼。愿得一心人，白头不相离。竹竿何袅袅，鱼尾何簁簁！男儿重意气，何用钱刀为！"司马相如读后，深感于她的情意与决绝，因而断了纳妾的念头。

　　对于这个对爱情充满憧憬、黑夜勇敢出奔的女子，后世无数诗篇中都有浪漫的回音。李清照与卓文君在性格上就有些相似，都有浪漫多情的一面，亦都对爱情坚定不移。

　　与卓文君稍有不同的是，李清照更向往一种平淡而温馨的生活。正因此，在词的末尾她写道："相思难表，梦魂无据，惟有归来是。"

　　"惟有归来是"这五个字，仿佛在说她一生的追梦之旅。李清照自号"易安居士"，乃是从《归去来辞》中"倚南窗以寄傲，审容膝之易安"而来；她的书房取名"归来堂"，更是取自《归去来辞》的篇名。这就不难理解，为什么很多时候在她的词中能看到陶渊明和他东篱下的淡雅菊花了。

　　"归去来兮，田园将芜，胡不归！"每当轻轻吟唱这样的句子，她心中应当很有感触吧。田园牧歌式的生活，正是她心之所向。

　　现在，在这相思迷梦萦于心头之际，她呼唤那个远方的人，能归来这青山绿水之间，和她安守一生的幸福。那人何尝不是如此呢？赵明诚曾经在她的小像上题字："清丽其词，端庄其品，归去来兮，真堪偕隐。"这正是他们相爱的理由，亦是他们坚守一生的誓言。

　　青州十年，是李清照与丈夫最为安宁的日子。不过她仅仅流传下来四五十篇词作，实在太少，让我们错失了太多她对于幸福的诠释。在那些遗落的诗篇中，也许会写着，她与心爱的人在花开的故乡相偎，等夕阳的余晖散尽，等流光和他们一同悄然老去。

帘卷西风，人比黄花瘦

> ——那个清秀的身影在花雨中慢慢走远，只留一缕心香。谁将苦涩又甜蜜的爱情遗落在了这个菊香满溢的秋天？

醉花阴

薄雾浓云愁永昼，瑞脑销金兽。佳节又重阳，玉枕纱厨，半夜凉初透。

东篱把酒黄昏后，有暗香盈袖。莫道不销魂，帘卷西风，人比黄花瘦。

元代伊世珍的《琅嬛记》中有则小故事，说的就是这首《醉花阴》。

李清照思念夫君，于是在重阳节写下这首词寄给赵明诚。赵明诚叹赏之余，起了逞才争胜之意，一心想写出首好词来胜过这首。于是他闭门谢客，废寝忘食地专心作词。花了三天三夜的时间，他一共写了五十阕词。他把这些词和李清照的词混在一起给朋友陆德夫看。

帘卷西风，人比黄花瘦

陆德夫玩味再三，说："只有三句绝佳。"赵明诚追问是哪三句，陆说："莫道不销魂，帘卷西风，人比黄花瘦。"正是李清照所作。

这故事很有意思，却不见得是真的。《琅嬛记》中记载了不少文人逸事，很多都不太可信。书中说这则逸闻引自另一本名为《外传》的书，而陆德夫这个人名，作为赵明诚的交游仅见于此。或许，因为《醉花阴》里这清新婉丽的句子太过动人，让人们实在喜爱，不惜为之编造一个故事来做衬托吧。

薄雾浓云愁永昼。

从清晨到傍晚，只有薄雾、浓云与人为伴。这尽日不散的阴霾，好似笼在人的心中很久了，一直未散去。从前许多的回忆，交织成网，让人无法逃开。相思，就像一盏如豆的灯，弥久不灭，给人希望，也让人泛起迷思。白日如此漫长，而思念的影子比时光更长。

瑞脑销金兽。炉中的熏香终于散尽，只剩有淡淡的余味，如一种莫名的哀愁，绕于指尖和心头。

重阳从来是个盛满了思念的日子。王维在《九月九日忆山东兄弟》中说：独在异乡为异客，每逢佳节倍思亲。其实，有时只是少了一个人，即便是最熟悉的地方，也就变成异乡了吧。

那些花下的影子，仿佛提醒着昨日的窃窃低语。"玉枕纱厨"，如何能抵挡这晚来的秋凉？良辰美景奈何天，赏心乐事谁家院。这个夜晚，即便谁家院落里有笙箫的热闹，对她来说，却不是团聚与欢笑的时刻。她原本盈盈如秋水的目光忽然如此黯淡。此刻她有的，只是那被泪水浸透的孤枕。

　　夜色清凉如水。月光转动，将脉脉的相思与淡淡的哀愁洒了一地。

　　有相聚，就有离别。爱情中总有伤感与落寞，那是人们曾经不信的劫。从前，她凝望他的片刻，仿佛就是永远；那触手可及的距离，仿佛就是整个世界。而现在，只留下一个孤单而清秀的背影，默然无语。

　　既然无眠，何不取酒一醉？今天本就是饮菊酒、佩茱萸，相携登高的日子。采菊东篱下，黄昏时分的暗香依旧。"馨香盈怀袖，路远莫致之。"那远方的人，此刻是否也在思念？

　　谁道相思不销魂。风起处，那帘后的身影，难道不比初开的菊花更加惹人怜惜吗？衣带渐宽终不悔，为伊消得人憔悴。这一刻，人淡如菊。她早已染上那花的气质，在词中化作默然伫立在西风之中的绝美身影。

　　舒婷有首小诗，名字就是《思念》：

一幅色彩缤纷但缺乏线条的挂图
一题清纯然而无解的代数
一架独弦琴，拨动檐雨的念珠

一双达不到彼岸的桨橹

蓓蕾一般默默地等待
夕阳一般遥遥地注目
也许藏有一个重洋
但流出来，只是两颗泪珠

呵，在心的远景里
在灵魂的深处

思念，本来就是这般难以说清、难以诠释。就像最喜欢的那首钢琴曲，也许并不知道名字，但只要听到，总能立马认出。或许，这也是一种幸福。

在我们的一生中，并不一定能遇见自己想要遇见的人。但爱情总是会来临，它来时我们的心中不免悸动，如同露珠滴落，花蕾总会微微颤动。总有一份守望，即使有些微的苦，也是自己心甘情愿。爱与哀愁，总是相伴而来的。

这样的秋日，这样一个暗香盈袖的时节，是多么值得珍惜的时光。

时光的手，在人们的心弦上不停地弹出或欢快或悲伤的曲调。如果没有离别的苦涩，相聚便不会那样甜蜜，所以有些烦恼只是生命旅程中的小小变奏曲。在我们孤独等待、焦虑不安的时候，要记得，思念也是幸福的。

"莫道不销魂，帘卷西风，人比黄花瘦。"这样的句子，数千年里只一个李清照写得出来。

那个清秀的身影在花雨中慢慢走远，只留一缕心香。谁将苦涩又甜蜜的爱情遗落在了这个菊香满溢的秋天？

新来瘦，非干病酒，不是悲秋

——那颗玲珑心，宛如冰刻的浮雕般清新剔透。

凤凰台上忆吹箫

香冷金猊，被翻红浪，起来慵自梳头。任宝奁尘满，日上帘钩。生怕离怀别苦，多少事、欲说还休。新来瘦，非干病酒，不是悲秋。

休休！这回去也，千万遍《阳关》，也则难留。念武陵人远，烟锁秦楼。惟有楼前流水，应念我、终日凝眸。凝眸处，从今又添，一段新愁。

凤凰台上忆吹箫，回忆的是一曲悠远的天籁，亦是一段刻骨的爱情。初次见到这词牌的时候，你会不会想到那个远在云端的传说？

相传战国时有一位善于吹箫的年轻人，名叫萧史。据说他能吹出鸾凤之鸣，而且长得"琼姿炜烁""风神超迈"，宛如天人一般。他混迹尘世，并没有太多人留意。秦穆公有个很会吹箫的女儿，叫作弄玉。她偶然听到了萧史的箫声，大为倾慕，便央求父亲务必找到他。

穆公拗不过女儿，派人找到了萧史，不久便把弄玉许配给了他。结缡之后，萧史开始教弄玉吹奏那宛如凤鸣的天籁之音。十多年过去，他们合奏的箫声几乎与真正的凤鸣声一模一样，甚至有凤凰闻声飞来，栖息在他们住处的屋顶。于是穆公为他们筑起凤凰台，供两人居住。夫妻二人住在凤凰台上，不吃不喝，一连几年都不下来。终于有一天，弄玉乘凤，萧史乘龙，两人相携升天而去。人们怀念他们这对神仙眷侣和那天籁般的箫声，亦为他们深深祝福。后世的文人传诵着这个美丽的传说，还为它谱出曼妙的舞曲，"凤凰台上忆吹箫"就由此而来。

这是个传说，但更像个童话，一个美得不真实的童话。世上本没有完美无缺的爱情，就如同那天籁般的箫声，本就不属于这个尘世。现实中的爱情，或背负生活的重压，或承受世俗的白眼，曾经的义无反顾、海誓山盟，都可能在旁人的嘲讽和冷笑中化作飞灰散落尘泥。爱情，终究是会老去的，或早或晚。所谓相濡以沫，并不是一时的热望，而是两个人的宽容与坚持，是心中不会轻易被时光抹平的深深爱意。

在这个清晨，在发现枕边爱人忽已不在的空落落的时分，铜炉中熏香已冷。红被凌乱，却是无心整理。起来懒懒梳头，若有所思，却终是毫无头绪。"女为悦己者容"，只是如今妆扮，又给谁看呢？新婚时她曾经说：云鬓斜簪，徒要教郎比并看。多么甜蜜的记忆，而现在宝奁蒙尘，只留下一个人的落寞。

　　清晨的阳光照进小窗，在地上勾出曲折的影子。从前的那些事，无来由地蓦然涌上心头。柳永说：衣带渐宽终不悔，为伊消得人憔悴。这恼人的相思，总没有消减的时候。镜中的红颜日渐消瘦，却不是恹恹的病态，也不是郁郁的微醺。或者，这话也错了，爱情如美酒，相思似苦病。就像《红楼梦》里，黛玉收到那两方旧帕子时，知道这是宝玉的表白，在写下情诗之后，她"腮上通红，自羡压倒桃花，却不知病由此萌"。不正是如此吗？爱情就是诱你喝下去的酒，醇美无比，让人陶醉；由此而来的，却是无穷无尽的相思苦楚。

　　易安词总是娓娓道来，如潺潺流水，有着柔婉动听的音韵与挥洒自如的才情。读她的词，就好像看到她的眼睛，犹如清澈泉水，不事粉饰雕琢，却又意韵流动，婉约佳美。

　　"凤凰台上忆吹箫"这样的词牌，是不好填的。这个词牌虽则为人熟知，名作却并不多。但李清照有这样的才气，就像她自己所说"险韵诗成，扶头酒醒"。或许正是那个关于词牌的传说勾起了她对爱人的思念，才成就了这篇珠玑连缀的佳作吧。

　　曾经看过一篇评论这首词的文章。文中说古时有关思妇的诗词，大多是男人所写，虽然不乏佳句，但其中的情愫终属作者揣摩，就像雾里看花，终隔一层；而李清照此词，全然是她自己的情思爱慕，就如同吹散了那层雾，窥见了那颗玲珑心，宛如冰刻的浮雕般清新剔透。

　　这是知人之言。

"渭城朝雨浥轻尘，客舍青青柳色新。劝君更尽一杯酒，西出阳关无故人。"这是王维的《送元二使安西》。那一支《渭城曲》，就是让人不忍听闻却千遍万遍声声入耳的《阳关三叠》了。要走的终究会走，只留下无法抑止的疼痛。桃花源是梦中的幻影，凤凰台亦只能怀念而已。

曾在网上读到一首小诗，让我觉得李清照此时的心情，大抵如此吧。

落英倦谢的季节
寂寥的里弄还有昨夜雨滴行走的声音
关掉冰冷的屏幕，身侧的笔记为你折下一角
黑暗中触摸自己的脉动，默默感受远方的心跳
就这么静静地想你
每个平淡的夜

人们总希望两个相爱的人可以长相厮守，所以才会有凤凰台这样美好的故事。正因为有这样的期盼，诗人的笔下才能不断流淌出无限美丽得让人叹惋的句子。

这一瞬，时间仿佛已停滞，唯她在此，坐困愁城。秋波如水，此刻也笼上了轻雾般的哀愁。或许，只有眼前的流水知道这些想念吧。而流水终究逝去，只有清愁伴着她，在这个花落的早晨。

晚风庭院落梅初

——这个季节，本应该展眉，应该欢笑，但她哪儿也去
不了，只被那一根思念的索困在原地，困在这个月
光满盈的小小庭院。

浣溪沙

髻子伤春慵更梳，晚风庭院落梅初。淡云来往月疏疏。

玉鸭熏炉闲瑞脑，朱樱斗帐掩流苏。通犀还解辟寒无？

寂寞有时是一种声音，或是一抹色彩。有时是一支浅浅的笛，或
是一弯莹莹的月，你听见了，望见了，它便在那里。

伤春不过是个借口罢了。是啊，这温暖而湿润的空气真是容易让
人变得慵懒，不过，她从未停歇的想念才是造成心绪低沉的主因。

在这个梅花初落的时节，在无眠的夜晚，她忍不住用手中的笔，
来描摹此刻春天的样子。

春来淡看梅花落。那些花曾在冰雪中点亮了人们的眼睛，却在和

风送暖的时候悄然飘落。发髻松了，也不必梳了。就在这晚风庭院听一个落花的故事，在散去的暗香中寻得一丝怀念。

月下的云，如此轻渺，来去间犹如那些捉不住的绮思。这个季节，本应该展眉，应该欢笑，但她哪儿也去不了，只被那一根思念的索困在原地，困在这个月光满盈的小小庭院。

香炉尽销金鸭冷。这时候已没有心思去点起瑞脑熏香，而朱樱小帐垂落下来，轻轻掩住那五彩流苏的排穗。这小小屋子里的一切，都沉浸在寂静的微光之中。在这样的冷清里，她不能不怀念那份温暖。

"通犀还解辟寒无？"这里有一个小故事。"通犀"，即通天犀，是一种名贵的犀牛角，产自交趾国的珍贵贡品。王仁裕《开元天宝遗事》记载："开元二年冬至，交趾国进犀一株，色黄如金。使者请以金盘置于殿中，温温然有暖气袭人。上问其故，使者对曰：'此辟寒犀也。顷自隋文帝时，本国曾进一株，直至今日。'"传说中，唐玄宗所得交趾国进贡的这个犀牛角，因为能给人温暖，驱辟寒气，所以也叫"辟寒犀"。

有句话说："千帆过尽，皆不是我心所爱；三千弱水，独有一瓢我知冷暖。"此时此刻，她心中有了小小的疑惑：帐中那个曾经温暖我的辟寒犀角，现在还会释放原先的温暖吗？李商隐说，"身无彩凤双飞翼，心有灵犀一点通"，不知身在远方的他，现在是否还能与自己心灵相通呢？

其实，她本不必如此担忧。她早已找到了那个穷其一生来关心和照顾她的人，只是，在他离开的日子里，她终究还是会有这样的惶惑与不安。对相爱的人来说，猜疑与担忧总是免不了的。对于她这个问题，这世上只有一个人知道真正的答案吧。

说到底，末尾这一句轻轻的埋怨，才是她心情低落的真正理由。

屏居青州时，生活美好而安宁。赵明诚会趁着不必出仕的闲暇，外出遍访名山古迹，搜罗各种金石文刻。李清照自然知道这是难免的，不过女人总归是不应被冷落的，即便通情达理如她，心里亦不免有小小的委屈。所以，在这个梅花落去的春日，她还是忍不住写下心中的哀怨与叹息。

到了清晨，也许她会为自己开一扇窗，看那些花优雅盛开。但在这个寂静的深夜，月光照见了她的忧伤。正如她曾写过的那句诗"罗衣消尽恁时香"，旧时衣裳上的清香终会散去，而她生怕失去自己手边的幸福。

对相爱的人来说，爱与猜疑如同光与影，有光就有影，有爱就会有疑惑与迷茫。它们宛如一对孪生子，总会不约而同抵达我们心中，就像阳光透过树林的空隙，必定在铺满落叶的路上投下斑驳的影子。

对我们来说，猜疑与惶惑早已不陌生了。在这个信息时代，就算一份看起来笃定的感情，都可能在一瞬间烟消云散。转过身去，是否还有人记得曾经刻骨铭心的名字？

如果你现在幸福，就请永远幸福下去。因为那份安定与静好，才是这个年代真正的奢侈品。

　　幸好，这些忧扰不过是疏云淡月间的浅色影子，她手中依然握着这份幸福。她在庭院中立了好久。风来树影婆娑，星光渐渐暗淡，但她依旧在等。无眠的夜色，是这思念最好的注脚。

　　对这首词，陈廷焯评价为"清丽""婉约"，而龙榆生先生则说它"幽婉缠绵"。这些于她，无关紧要，只有那份爱情，才是她一生守护的珍宝。她那些清丽的词句，并不是炫耀华彩的花车，只是一扇小而素的窗，等着人去打开，望见梅花落去时那个静静伫立的身影。

倚遍阑干，只是无情绪

——"易安往矣，不可复得，每作词时，为酬一杯酒。"
（茅暎《词的》）

点绛唇

寂寞深闺，柔肠一寸愁千缕。惜春春去，几点催花雨。

倚遍阑干，只是无情绪。人何处？连天芳草，望断归来路。

暮春时节，花草丛生，细雨缠绵，仿佛是春天被弄乱了头发。那些花，那些雨，将淡淡的落寞与伤感带到了她的心中。

深闺寂寞，柔肠百转。"轻云薄雾，散作催花雨。"窗外春意已阑珊，淅淅沥沥的小雨仍在催促那些还未落尽的花朵。曾经姹紫嫣红开遍的景致，因这雨丝斜飞飘洒变得支离破碎。不知还有清芬几许？她细细寻找，却发现早已凋落无踪。

等这风雨过去，纵有初夏的碧绿与蝉声，又如何找回春日的那种欣然与喜悦？

张先在《千秋岁》中写道："心似双丝网，中有千千结。"她现在的心情，正如此纠缠不舍吧。

其实，暮春还算一个不错的时节，细雨轻风，世间一切仿佛都如此温柔。她心中怨怪的，并不是这样的天气。是啊，再闲适美好的季节，只要那个人不在身边，即便身边是家乡的小桥流水，亦如独在天涯。

她惋惜的是那些拾不起的回忆，宛如昨夜落去的轻花。

阑干倚遍，眼望春色渐已阑珊，她又怎么会有好情绪。眺目远望，映入眼帘的只有远处默然伫立的芳树。那雨中黯淡的树色，渐渐融入天际。

独倚小楼，何时才能望见归来的人呢？细雨潇潇，天地无声。

这首词的末尾，总让我想起晏殊的那一句"昨夜西风凋碧树。独上高楼，望尽天涯路"。景致虽然不同，心情却是一样。等待就如悠长的风，无休无止。那倚楼颙望的身影，在词中从来都是这般娴雅动人。

国学大师王国维将"昨夜西风凋碧树。独上高楼，望尽天涯路"看作成大事业大学问者必经的第一种境界。他在《人间词话》中说："古今之成大事业、大学问者，罔不经过三种之境界：'昨夜西风凋碧树。独上高楼，望尽天涯路'，此第一境界也；'衣带渐宽终不悔，为伊消得人憔悴'，（欧阳永叔）此第二境界也；'众里寻他千百度，回头蓦见（蓦然回首），那人正（却）在、灯火阑珊处'，（辛幼安）此第三境界也。此等语皆非大词人不能道。然遽以此意解释诸词，恐为晏、欧诸公所不许也。"

细细想来，他所说的三种境界，和词中的思念是如此相似。

"昨夜西风凋碧树。独上高楼，望尽天涯路。"当相互依赖的两个人分开时，那种突然而至的不习惯，总让人感到无比失落。在等待重聚的日子里，总会怀揣太多彷徨与痛苦，明知重聚不会很快到来，仍然忍不住远望对方所在的方向。一次次期盼与眺望，便成为日常。

在这样的思念中，能窥见爱的真意。"衣带渐宽终不悔，为伊消得人憔悴"，这样的相思与坚守，总是有不悔的理由。只有相信那份爱，才能在不安与焦虑中萌生力量。也唯有如此执着与隐忍，才能在长久苦涩的等待之后，真正品尝相逢一刻的甘美。

终于，在期盼快要变成绝望的时候，在某个不经意的瞬间，瞥见了那个熟悉的身影——"众里寻他千百度，回头蓦见（蓦然回首），那人正（却）在、灯火阑珊处。"心中的狂喜与获得的安慰，让人觉得所有的等待、所有的付出都是值得的。泰戈尔说，"生如夏花般绚烂"，或许这一刻，便是生命之所以绚烂的原因吧。

原来，她还只是在等待的最初。也许等那些花儿都憔悴凋零，她心上挂念的那个人才会回来吧。"彩云易散月长亏"，也是她的句子，其实她是深深懂得"有聚便有散"的。只是因为心底的想念这般强烈，她在一方小小诗笺之上，为即将逝去的春天留下这几行娟秀的字。这娓娓道来的想念，千古之下依旧动人。

这首词如此清新而美好，以至于茅暎读完之后，在《词的》中写道："易安往矣，不可复得，每作词时，为酬一杯酒。"是啊，她那些蕴含心香的句子，世间再无第二人能写得出来。花雨中那个美丽的身影已然远去，我们只能在这沉默的铅字中寻觅曾经的馨香与美好，将这些相思满溢的词，悄悄珍藏于心。

险韵诗成，扶头酒醒，别是闲滋味

——听一首久远的歌，让我们去旅行。

念奴娇

萧条庭院，又斜风细雨，重门须闭。宠柳娇花寒食近，种种恼人天气。险韵诗成，扶头酒醒，别是闲滋味。征鸿过尽，万千心事难寄。

楼上几日春寒，帘垂四面，玉阑干慵倚。被冷香消新梦觉，不许愁人不起。清露晨流，新桐初引，多少游春意。日高烟敛，更看今日晴未。

有时候，你只是看见了忧愁的影子。

庭院深深，只有偶尔路过的风打破这无声的静默。在这个季节，雨总是绵绵不尽，而寂寞宛如屋檐上滴落的水珠，不曾停歇。

细雨晓莺春来晚。有时候，春雨仿佛是有灵性的。它来的时候，或带来润物细无声般蓦然的欣喜，或带来行人欲断魂般不绝的哀愁。在这有若秋凉的春日，雨打梨花深闭门，她只将脉脉的思慕用朱红的笔轻轻点在额间。

寒食将近，窗外的色彩已经很是绚烂了。宠柳与娇花，仿佛禁不住盈盈一握。这时候，呼吸都变得轻了，生怕一伸手，就碰破了这温婉多情的春天。"宠柳娇花"这四个字，从来让人赞叹不已。有人说这是"人工天巧"的绝唱。这样的才情，除了她，还有谁有？

而她的才思，只成了消磨时光的小小玩具。险韵的字少而生僻，她却偏要用来写诗，仿佛她写的不是诗，而是寂寞。闲愁最苦，时光仿佛永远这般漫长。

对她来说，诗是她的另一个生命，她的心中有充沛而永不干涸的诗意之泉。只是命运于她，未免残酷。不过正是这残酷，让她吟出千古不灭的光辉篇章。幸欤？不幸欤？

何以解忧，唯有杜康。或许，一壶甘醇的酒能让她在醉梦中寻得一份安慰吧。白居易有诗云："一榼扶头酒，泓澄泻玉壶。"扶头是一种极易醉人的烈酒。可是即便醉了那么久，那挂在眉梢的忧悒，醒来之后依旧留在原处。

窗外有飘摇远去的大雁，却捎不去心中万般心事。

有时，望着玻璃窗上不住流下的雨水，也会勾起淡漠已久的某种思绪，甚至会突然想逃离这个世界。不如听一首久远的歌，让我们去旅行。

生命中的某些伤感，注定是躲不开的。我们会流泪，会微笑，也会在书中珍藏一叶淡淡的清香。只要心还在，总会在某个时候感觉到痛。

有时候命运开的一个小小玩笑，就会让人们错过原本停在手边的幸福；眼睁睁地看着自己的爱情，怎样走来，又怎样走远，直到再也看不清那些甜蜜或是忧伤的画面。

小楼上，春寒轻渺。四面帘垂，悄寂无声。她已凝成一处倚着栏杆的风景。夜深了，做梦了，醒来才觉锦衾已冷，熏香已断。这无眠的夜，如何让人能不起来去点一盏思念的灯？

在明灭的烛光中，她或许又想起了春天的晨露与梧桐。等到再次游历的时候，梦里的他会在身边吗？当淡淡曙光终于透进窗纱，她忍不住去看窗外，今天会否有明媚的阳光。

那缕希冀的阳光，一直在她的心里。等他回来的那一瞬间，才会驱散这眉间心上弥漫不散的阴霾吧。

"清露晨流，新桐初引"是《世说新语》里的句子。这是一个关于想念的故事。

东晋的王恭和建武将军王忱原本交情很深，后来受到别人的挑拨，两人便产生了种种猜疑与裂痕。可是每每王恭兴致来了，还是会想起王忱。有一次，王恭服药后出来散步，走到京口的射堂，看到"清露晨流，新桐初引"的景象。引，在这里是生长的意思，"清露晨流，新桐初引"是说清露在晨光中轻轻闪动，而新桐初吐嫩芽。王恭触景生情，评论王忱说："王大确实清亮明朗。"

孤单的李清照想起了这个故事，也想起了曾经在春光中陪伴着自己的那个人吧。

鸟鸣啁啾，惊醒了绵绵的遐思。

爱情就像一首诗，或许从第一个音节开始，便已注定了结尾。幸好，这时候的她，还是能等到爱人的归来。

顾城有首《来源》，是这么写的：

泉水的台阶
铁链上轻轻走过森林之马

我所有的花，都是从梦里来的

我的火焰
大海的青颜色
晴空中最强的兵

我所有的梦，都从水里来的

一节又一节阳光的铁链
小木盒带来的空气

鱼和鸟的姿势

我低声说了声你的名字

我想，她也会轻声念出来那个心底的名字吧。而这一瞬的温暖与美好，未必就不如那相见之时。

卷起重帘留晚照

> ——在回忆与现实之间，隔着时光的墙。从此，芳心幽居，不问春晨。

木兰花令

沉水香消人悄悄，楼上朝来寒料峭。春生南浦水微波，雪满东山风未扫。

金尊莫诉连壶倒，卷起重帘留晚照。为君欲去更凭栏，人意不如山色好。

沉水香消。她是住在氤氲熏香中的女子，用低低的吟唱，漾开心底思念的涟漪。

初春，微寒。

《诗经·柏舟》中说："忧心悄悄，愠于群小。"那其实是因为悲苦的遭际而自怜自伤。在这个春日，周遭清寂无声，李清照却也陷入莫名的忧伤。

帘卷西风，人比黄花瘦

　　小楼轻寒，在晨起的时候，有路过的风。这场景也许会让人想起秦少游的那首《浣溪沙》：

　　　　漠漠轻寒上小楼，晓阴无赖似穷秋。淡烟流水画屏幽。
　　　　自在飞花轻似梦，无边丝雨细如愁。宝帘闲挂小银钩。

　　他眼前的画屏和丝雨，她手边的晚照与金尊。飞花似梦，春雪凝愁，在风中隐约传来了谁的笛声。初春的小楼上，隐在那帘幕后面的，是那多情而忧郁的眼眸。

　　南浦，是屈原的离殇。他在《九歌·河伯》中写道："子交手兮东行，送美人兮南浦。"春水只是默然逝去，偶尔泛起微微涟漪，宛如路过的风轻轻的吻痕。雪，落满了远方原本青白相间的山峦。春风濬濬，扬不起一丝轻雪。这风扫不去的，难道就只有那山头的雪吗？扫不去的，还有心中淡淡的感伤吧。

　　"春草碧色，春水渌波，送君南浦，伤如之何！"这是江淹《别赋》里的句子。在这个季节，从不缺少苦涩的离愁。

　　离别的时刻，总是这么轻易就到了。为他斟满手中这杯酒吧，今日对酌，最后一诉衷肠。一别之后，就只能对着空落落的屋子，郁郁独醉。

　　"为君持酒劝斜阳，且向花间留晚照。"手卷重帘，给自己留一窗晚晴吧。只是这残留的温暖，抵不过心中骊歌的幽幽寒意。在这个漫山遍野都生长着青春与爱的季节里，她只能拉过衣角，轻轻掩住凝霜的腕，和袖中的香。

眼角或许有泪。泪水不似美酒的香醇，有微微的咸，和一丝丝苦。

酒饮过了，他终究还要远行。仕途未必是他心中所愿，只不过是别无选择，而她所能做的，也只是默然目送他离开。明日再上小楼，怕要望尽天涯路。不知她那宛如新月的眉梢之上，又会挂上怎样的哀愁。现在的她还要微笑，即使伤感，即使不舍，因为她要他知道，这里总有一份属于他的守候，如这一窗暖暖的余晖。

在回忆与现实之间，隔着时光的墙。从此，芳心幽居，不问春晨。

辛弃疾说，我见青山多妩媚，料青山见我应如是。在她看来，青山依旧妩媚，只是心头的翠色早已褪成离人的秋黄。落叶纷飞，风中望见彷徨。就像里尔克的那首《秋日》：

谁这时没有房屋，就不必建筑，
谁这时孤独，就永远孤独，
就醒着，读着，写着长信，
在林荫道上来回
不安地游荡，当着落叶纷飞。　　　　　（冯至 译）

何处合成愁？离人心上秋。是的，春光在外面，秋思在心里。所以她才说，人意不如山色好。

千年之后，我们还记得她，记得她的悲伤与歌。她只如那一株彼岸的花，临水而立，独自美好。但依然有霜，有雪，有清冷的风。我们呼喊，却似乎发不出任何声音。

这天过后，她会写下长长的尺素，来记载所有的思念与牵挂，让那些绝美的文字通过鱼雁传达。只是她并不知道，多年以后，那些信笺将再也寄不到爱人的手中。而这个初春，尽管有些伤感或是落寞，她总算依然握着小小的幸福。

结缡十年，相濡以沫。在她三十一岁那年，曾有人为她画了一幅小像，她在画中，娴静如菊。他在画上题字说："清丽其词，端庄其品，归去来兮，真堪偕隐。"谁都看得出，那笔尖蘸了如许深情。在他心中，她的美宛如一曲四季流转的歌，永不会过时。

在青州的日子里，虽然不算宽裕，却是闲适而美好。他们可以踏雪，品茗，翻书，赏画，可以自在呼吸和生活。那个时候，或许是她一生中最为珍爱的时光；那时心情，一如画里她手中馨香的花朵，嫣然的笑影，如诗，亦如画。

不管怎样，该去的还是要去，无论你如何不舍，世界总是无动于衷。

她所能做的，只是写下这一首小词，并在诗笺的一角轻轻别上秋的名字。

窗外，花还在微笑，春光依旧美好。

暖雨和风初破冻

> ——黑夜匆匆的步伐，像是轻快而温柔的夜曲。斟一杯无梦的酒，给这沉沉夜色，与那静谧的星空。

蝶恋花

暖雨和风初破冻。柳眼梅腮，已觉春心动。酒意诗情谁与共，泪融残粉花钿重。

乍试夹衣金缕缝。山枕斜欹，枕损钗头凤。独抱浓愁无好梦，夜阑犹剪灯花弄。

初春总是引人遐思的时节，有着让人沉醉的和风，与温柔的细雨。

"风回小院庭芜绿，柳眼春相续。"刚刚发芽的柳叶犹如一弯娇媚的眼，而韶华盛极的梅花恰似香腮上的一抹红晕。才从冰天雪地中缓缓步出的春天只是略施粉黛，已是如此动人。

在这样的时刻，谁都想停下来倾听春的呢喃吧。

李商隐说：春心莫共花争发，一寸相思一寸灰。这个到处都生长着爱情的季节，如何不惹起脉脉的思念呢？

　　酒，是解不了寂寞的。纵使甘甜如露，纵使千杯百盏，都代替不了心上人的微微一笑。现在，这尊中微漾的美酒，心里满溢的诗情，又能和谁来分享呢？从前的春日，他们总是一起踏雪赏花，一起观画品茗，然而这个初春，却挽不到他的臂弯。

　　思念如此磨人，只惹得眼泪涟涟。那冲洗脂粉的泪珠，留下了嫣红的印记。头上花钿如此沉重，是她醉了，还是眼前的春光醉了？

　　"风柔日薄春犹早，夹衫乍著心情好。"这是她后来的词，说的是孤单凄苦中的小小慰藉。而现在，她应该算是在甜蜜的烦恼中品尝淡淡的苦涩。衣上的小小金缕，会让她想起当初杜秋娘为情郎唱的那一曲《金缕衣》吧？

劝君莫惜金缕衣，劝君惜取少年时。

花开堪折直须折，莫待无花空折枝。

　　雨果曾经说：如果人生是花，那么爱情就是这花中的蜜。那光华耀目的金缕衣，不过是所谓"衣锦还乡"时可资炫耀的俗物，又怎么比得上花中蜜一般的爱情呢？只是不知道出仕在外的赵明诚，能不能听见她心底这轻轻的呼唤。

　　赵明诚亦不是热衷博取虚名的人，有记载说他喜好苏轼与黄庭坚的文章，这两人偏偏是他父亲的政坛死敌，苏轼甚至直接斥责赵挺之为"聚敛小人"。很显然，赵明诚并不是对政治敏感的人，也正因如此，他父亲才会对他比较冷淡。

不过赵明诚毕竟出身官宦之家，又是前宰相之子，对于出仕，他自己或有不喜，亦是无可逃避。何况，游历与外仕让他便于搜罗古物，完成夫妻俩由来已久的共同心愿。只是李清照独守空闺，不得不承受这份难耐的寂寞了。

倚着山枕，却是无眠。朱淑真有句词说：遥想楚云深，人远天涯近。一个人的时候，处处仿佛都是天涯，即便最熟悉的所在亦如是。金钗未取下，只在枕间弄乱了发髻。"相思相见知何日，此时此夜难为情。"这恼人的相思无法消解，直让人久久难安。拥着这满怀的清愁，如何会有好梦呢？不如起身，看窗外夜色深沉。

黑夜匆匆的步伐，像是轻快而温柔的夜曲。斟一杯无梦的酒，给这沉沉夜色，与那静谧的星空。思念，毕竟也是一种小小的幸福，总比空寂的等候要好多了。在重逢的喜悦到来之前，漫长的思念就是一曲没有休止符的咏叹调。在这曲调之中，她情思翻涌，眼波柔婉。

她也曾写道："闲愁也似月明多。"阶前月光，映出淡淡的花影。缓缓而来的思绪，从不曾停息。何当共剪西窗烛，却话巴山夜雨时。只是百无聊赖，不如剪起灯花，那跳跃的微光，宛如闪烁不定的眼眸。

只有等他回来，等到这满腔的苦楚都已倾诉，这个春天才会被赋予它原本的意义吧。

明代徐士俊的《古今词统》中对这首词评论说："此媛手不愁无香韵。近言远，小言至。"轻轻落笔，一花一树，却浮动远思；而那看似平常的描摹，读来总是别有深意。她的手边，总有如许清香，宛如袖中藏有一枝珍奇的花，只要嗅到了，不必回头，便已经知道她在那里。

王士祯对李清照极为推崇，他曾和此词，末两句是："往事迢迢徒入梦，银筝断绝连珠弄。"但其中的心思与才情，算得天差地别了。春光中倏忽而逝的那些细节，仿佛已被她悄悄收藏于心，别人是找不到的。

她的这些文字，就像一个个精灵，就这么跳着，跑进了春天。

四叠阳关，唱了千千遍

——别了，旧时光。

蝶恋花·昌乐馆寄姊妹

泪揾征衣脂粉暖。四叠阳关，唱了千千遍。人道山长山又断，潇潇微雨闻孤馆。

惜别伤离方寸乱。忘了临行，酒盏深和浅。若有音书凭过雁，东莱不似蓬莱远。

有些人，离开之后，也许就再也见不到了。

李清照出嫁后，赵氏家族几经宦海沉浮，终于在蔡京的逼迫之下，不得不离开汴京。她随着丈夫，从汴京来到赵氏宗族所在的老家青州。

在那些岁月，丈夫赵明诚或负笈远游，或出仕在外，闺中寂寞的她，总有几个好姐妹相聚同游。青州十年，有多少难忘的时光啊。再后来，赵明诚赴莱州上任，她亦从青州起程去往莱州。在夜宿昌乐的时候，她忍不住离别的伤感，写下这首《蝶恋花》，寄给家中的姊妹。

　　闺中密友，是个很特别的称呼。女人之间的距离，最亲近，却也最疏远。她们无话不谈，偶尔却也防着其他人几分。但在离别来临时，总是会有难以抑制的伤感吧。分别时，李清照那颗善感的心会有怎样的感触呢？

　　披上远行的衣裳，心中会生出别样的惆怅。虽然眼泪会冲淡胭脂，使精致的妆容不再，但又怎么忍得住？"相逢且莫推辞醉，新唱阳关第四声。"那一声声的骊歌，暴露了心中如花雨般落下的伤感与惆怅。执手泪眼，只是不忍分别。

　　现在，山高水远，已是离家数十里。在远方的孤馆，只有潇潇微雨，敲打着无眠的夜晚。孤灯明灭，微光中仿佛看到记忆里的模糊影像。关于她的姊妹，我们已无法确知。或许从前溪亭日暮的小舟上，所载的正是她们的欢笑吧。回忆犹如月光，捧在心里，却又流水般散去。

　　写一封信吧。提起笔，却只想起了当日的离别。那一刻，早忘了所谓的风度与仪表。无言的惆怅，仿佛是沉沉的负累，让人惶然失措。且举杯，且一醉，忘了这一刻的悲喜。长亭古道，芳草连天，夕阳山外山。前程路遥，或许只有一声珍重。从今往后，只有偶尔的想念，如掠过耳际的风，吹起发丝，吹过那些曾经如花般盛开的日子。

　　那些路过的飞鸿，总会捎来一丝远方的消息吧，毕竟，东莱并不如海外的蓬莱仙山那般遥远。所以，安心些吧，那些带着点点泪光的信笺，总会来到自己的手边。

其实她也知道，这不过是安慰的托词。很多时候，别离或许就是一生一世。

有时听着歌，感觉流光中总有些轻轻的喟叹，触到了我们的灵魂。那些藏于心底的感触，如轻花落于水面，泛起微微的涟漪。比如我们熟知的那首 *Sealed with a Kiss*（《以吻封缄》）。

Though we gotta say goodbye（虽然我们即将分别）

For the summer（就在这个夏天）

Darling, I promise you this（亲爱的，我答应你）

I'll send you all my love（我要把所有的爱送给你）

Every day in a letter（每一天，装入信封）

Sealed with a kiss（以吻来封缄）

Yes, it's gonna be（是的，这会是一个）

A cold lonely summer（寒冷又孤独的夏天）

But I'll fill the emptiness（但我会填补心中的那些空落）

I'll send you all my dreams（我会把我所有的梦都送给你）

Every day in a letter（每一天，装入信封）

Sealed with a kiss（以吻来封缄）

I'll see you in the sunlight（我会看到你，在阳光中）

I'll hear your voice everywhere（我将听见你的声音，无处不在）

I'll run to tenderly hold you（我会飞奔向你，温柔地拥着你）

But darling, you won't be there（只是，亲爱的你却不在那里）

I don't wanna say goodbye（我不想说再见）

For the summer（在这个夏天）

Knowing the love we'll miss（因为我知道我们会彼此思念）

Oh, let us make a pledge（来，让我们立下誓言）

To meet in September（九月再相见）

And sealed with a kiss（并以吻来为它封缄）

　　歌中咏唱的是爱情，却与她此时情境如此相似。或许，词中的"四叠阳关，唱了千千遍"，也是如此。

　　前路茫茫，不知去向何方，而旧日是如此难忘。在灯前，她将这封尺素封缄的时候，用尽了自己的心与爱。在这样寂静而清冷的夜晚，每个人都会听到自己心中喃喃的低语吧。

　　——别了，旧时光。

卷四

玉瘦檀轻无限恨

远远的一声羌笛，惊破了所有的遐思与旧梦。等那浓浓淡淡的香都被风吹尽，只留下一株伶仃的树影。

酒醒熏破春睡，梦远不成归

—— "我像那夜间之路，正静悄悄地听着回忆的足音。"
（《飞鸟集》）

诉衷情·枕畔闻梅香

夜来沉醉卸妆迟，梅萼插残枝。酒醒熏破春睡，梦远不成归。

人悄悄，月依依，翠帘垂。更接残蕊，再捻余香，更得些时。

正欣喜于回到久别的故土，却被一缕淡淡的梅香熏破一枕清梦。这时到底是该喜，还是该悲?

昨夜清冽的美酒，只勾起思乡的旧梦。终于，还是醉了。草草梳洗毕，连鬓上的那朵残梅都忘记取下。街市、乡野、小宅、深院，梦里家乡是如此熟悉与亲切。春来芳菲遍野，夏至凉风满怀，那是多么美好的岁月啊！忽然有一缕梅香，似微风拂过水面，醒来幽梦难记，已是面目不清。

想要归去，却已不知家在何处。她深知，从离开青州的那一刻起，就已经没有回家的路。抬头望，窗外只是星光寥落，月色胧明。

靖康二年（1127年），是北宋王朝的最后一个年头。

这一年的三月，赵明诚的母亲去世，他从淄州奔丧来到江宁。这时，大宋王朝早已是风雨飘摇、朝不保夕了。

稍早的时候，金国完颜宗翰、完颜宗望已经率东西两路大军围困汴京，未几汴京即告破。破城之后金兵大肆烧杀抢掠，府库为之一空。两百余年阜盛繁华的汴京城，几成空城。不久，金太宗完颜晟下诏废宋徽宗、宋钦宗，贬为庶人，并立降臣张邦昌为楚帝。四月，在掠得无数珍宝财物之后，金兵撤出汴京，掳徽、钦二帝北还。历经一百六十多年风风雨雨的北宋王朝宣告灭亡。五月，康王赵构于南京应天府（今河南商丘）即位，是为高宗，改元建炎。实际上此时的北方，金兵已退，但新立的宋廷处于一片混乱之中，鞭长莫及。十二月，青州发生兵变，知州曾孝序被杀。在这样的情势之下，李清照只得离开生活了多年的青州，只身南下。

对那些他们视若性命的金石文物，她不得不舍弃其中的大部分。即便如此，书籍、画轴、金石刻仍然装满了十五车。她一路艰辛跋涉，途中还遇到乱军张遇攻陷镇江府，车上的一些文物亦遭盗掠。到了第二年春天，历经千辛万苦的李清照终于抵达江宁，与丈夫团聚。

《诗经》中说：忧心悄悄。无声的忧郁，在如水的月光中扩散开来，宛如池中泛起的涟漪。薄薄的翠帘，挡不住那无声蔓延的思念。酒醒后怔怔的眼神，不经意间揉碎的花蕊，还有残留手心的余香，只是漫长时光中的小小定格。要过多久，才会有泪流下？

阅尽了繁华，如今只是倍觉寂寥。在这个陌生的城市，她默默看着春天的颜色由淡转浓，又由浓转淡。慢慢习惯了这里的一切，却再找不回从前的亲切感觉。

今夜，那些骤然引发的情绪，又如何能轻易抚平呢？"更挼残蕊，再捻余香，更得些时。"是啊，或许只有等残香散去，等年华流走，这颗心才能稍稍安定下来吧。

况周颐引《玉梅词隐》中的评语，将"更挼残蕊，再捻余香，更得些时"与那句著名的"寻寻觅觅，冷冷清清，凄凄惨惨戚戚"并举，说："叠法各异，每叠必佳，皆是天籁，肆口而成，非作意为之也。"易安词里那些仿佛随意念出的句子，像天籁，又像从未有人涉足的山泉，读后心灵会变得清澈空灵起来。

但词的底子还是哀伤的。就像折纸再精巧，也可以看出其中深深的折痕。真水本无香，这仿佛随口道出的句子，透出她心底真切的哀苦。故乡不在望，携忧漂四方，如秋叶般凋零的人生，实在让她心神俱伤。

有首歌叫 *Where Everybody Knows Your Name*（《所有人都知道你名字的地方》），是一首怀念家乡的民谣。是啊，谁不想去那个所有人都知道自己名字的地方，去那个不会孤独老去的所在。

此刻的她，也许只想去到刚才的梦境，携他温热的手，看天光渐渐暗淡下去，看新月慢慢升上晴空。执子之手，与子偕老，那安静的幸福，是她最不愿舍弃的珍宝。

梅花与酒，从来都是她的最爱。而在这梅香惊破旧梦、美酒不再甜香的时分，对她始终不离不弃的，或许只有窗前的月光。从汴京到青州，从青州到建康，不论悲也好喜也好，它总是那样盈盈如水，在每一个不眠的夜晚陪伴她。

泰戈尔在《飞鸟集》中写道："我像那夜间之路，正静悄悄地听着回忆的足音。"

天涯路漫漫，何处是归途，只剩回忆让人流连。身在陌生南地的她，在这个清冷的夜晚，痴痴地，听那回忆的足音。

伤心枕上三更雨，点滴凄清

> ——可是，等到所有的风景都看透，谁又知道人生的下
> 一站在哪里，又会有多少悲喜在前方。

添字丑奴儿·芭蕉

窗前谁种芭蕉树，阴满中庭。阴满中庭，叶叶心心，舒卷有余情。

伤心枕上三更雨，点滴凄清。点滴凄清，愁损北人，不惯起来听。

江南，本就是让人有着无尽想象与憧憬的地方。草长莺飞的春光，温柔婉约的美人，譬如"日出江花红胜火，春来江水绿如蓝"，又譬如"垆边人似月，皓腕凝霜雪"。但对初到江南的李清照来说，并没有欣喜的感觉。

建炎二年（1128年）春天，历经艰辛的李清照终于抵达江宁与丈夫团聚。十五车的金石文物，近千里的跋涉旅程，途经镇江府时还遭逢战乱，这一切早已让她身心疲惫不堪。好在生活终于稍稍安定，总

算是一种小小的安慰。只是她对于远方故土的思念，丝毫没有消减，一如那尽日不息的风。

初夏。梅雨季节。

她应该是第一次遇到这连绵不断的江南小雨吧。长久不见阳光的日子，让她心中布满了阴云。潮湿的空气或许让初到南方的她感到不适。这样的日子里，总不免想起从前，想念那有着凉爽夏风的天气。

只可惜，青州虽好，已经回不去了。历经兵火与战乱，那方承载了她太多思念的故土，现在是否如以前那般绿树成荫、芳华遍野呢？

檐上落下的雨水，滴入这个凄清的夏日黄昏。窗前那株长得茂盛的芭蕉，直把盈盈的绿意溢满了整个小院。舒卷的蕉叶上凝着欲滴的水珠，仿佛每一片叶子都有欲说还休的满怀心事。

"窗外有芭蕉，阵阵黄昏雨。"

"流光容易把人抛，红了樱桃，绿了芭蕉。"

"一声梧叶一声秋，一点芭蕉一点愁，三更归梦三更后。"

雨中的芭蕉总能引出词人们心头的淡淡哀愁。蕉心常卷，宛如满怀悲愁蕴含其间；浅黄或青翠的蕉叶，隐约有着绵绵不尽的情思；而雨滴芭蕉，一声声听来更是让人惆怅满怀。词中有太多关于芭蕉的佳句，或许因为每每望见这种南国的树，心头就会泛起或浓或淡的哀愁吧。

李煜也曾写下关于芭蕉的词句。作为亡国之君，他更是有着国破家亡的惨痛经历。他与李清照，一个自南往北，一个自北往南，在各自悲喜交加的人生吟唱感慨。雨中的芭蕉，在李煜的眼中有着别样的惆怅。他写过一首《长相思》："云一緺，玉一梭，淡淡衫儿薄薄罗，轻颦双黛螺。秋风多，雨如和，帘外芭蕉三两窠。夜长人奈何！"有人说这是他前期的作品，写一位女子秋夜愁思的闺怨词；也有人说这是他思念周后的句子，一腔深情，在秋雨芭蕉的诗境中愈加凄切动人；我们也尽可以将这首词看作一位落魄帝王秋夜感怀故人的写照。这两首词的不同在于，易安思念的是故土，李煜思念的是爱人，但是那一句"夜长人奈何"的无助叹息，能击碎每一颗思念故人与故国的心。

"窗外芭蕉窗里人，分明叶上心头滴。"这也是易安的句子（也有说宋代无名氏）。静夜里，三更雨声却偏偏要扰人清梦。一滴一滴，落在叶上，也落进心间。对自幼生在北方的她来说，这恼人的雨声直让人无法安睡。索性起来静听，那雨滴落在蕉叶上的声音，却是不急不缓，从无间歇。

想要归去，却不知路在何方。故国早已不在望，青州故郡刚刚经历兵燹之灾，她留在那里的一切已荡然无存。想着这些，那绵绵不绝的哀伤，仿佛随着南国的雨滴而来，一点一滴，一丝一线，总没有停下来的时候。

旅途中，我很喜欢在火车上看着窗外，看那些人，那些树，那片田野，慢慢靠近，又慢慢远去。可是，等到所有的风景都看透，谁又知道人生的下一站在哪里，又会有多少悲喜在前方。对李清照来说，国恨与乡愁只是她不幸遭际的开始，更大的苦难还在不远的将来等着她。

梅雨时节的芭蕉，是一棵凝愁的树，在夜半，在黎明，总会惹起某个人猝不及防的思念。忧伤的时候让我们听雨，听雨滴落在叶子上，又散作碎片弹开去。这声响，也许是来自我们的心底。

悲歌可以当泣，远望可以当归。思念故乡，郁郁累累。
欲归家无人，欲渡河无船。心思不能言，肠中车轮转。

《悲歌行》是一曲质朴的歌，或许就是出自心底的声音吧。

对李清照来说，故国已经远去，可绵绵的乡愁将伴她终生。

在这个南国的夏日，她静静聆听雨中的哀歌。仿佛所有岁月都已老去，仿佛整个世界都已不在，只有那一滴一点的声音，在她心中不息地回响。

玉瘦香浓，檀深雪散

——那冬日的梅花，就如一朵淡淡的喜悦开在心间。

殢人娇·后庭梅花开有感

王瘦香浓，檀深雪散，今年恨、探梅又晚。江楼楚馆，云闲水远。清昼永，凭阑翠帘低卷。

坐上客来，尊中酒满，歌声共、水流云断。南枝可插，更须频剪。莫直待，西楼数声羌管。

江南的雪，终于还是纷纷扬扬落下来了。

有时候，有好的心境，未必会遇到好的风景；有好的风景，却又没了那种心境。南渡以来，生活暂时安定。在这雪落的天气，她又在牵挂自小就爱的梅吗？

记忆中，那冬日的梅花，就如一朵淡淡的喜悦开在心间。"香脸半开娇旖旎，当庭际，玉人浴出新妆洗。"那时的她，似花般娇艳。今日再去探梅，她会是怎样的心情呢？

"疏枝横玉瘦"。檀香梅最早开放，素黄浓香，在皑皑白雪中有着别样的风致。可现在她发现，连后开的白梅都开始萎谢了，只剩一抹郁郁的香。要知道赏梅是她的最爱，可叹去年的冬日，她还在颠沛而艰辛的旅程中，到了今年，可惜又是晚来一步。

登楼临江，望断天边的浮云。不知在遥远的云水之间，是否有故都的消息。雪后清冽而澄澈的空气中，日光散漫，白昼总是如此漫长。难挨的等待，仿佛只是在等候冥冥中命运的最终决定。有时候似乎遗忘了许多，又似乎记起许多，郁结在心中的思念总没有消弭的方法。"凭阑翠帘低卷"，恰似一幅黯淡的心情剪影。

在这寒冬季节，甘洌浓香的美酒正是驱寒的良方，更何况酒正是她的知己。往事如风，几多清泪入心怀，且不去问，且不去想吧。情到浓时，早已忘了浅斟低唱。有这许多座上的佳朋良友，不如斟满那小小的酒尊，在如行云般的歌声里，飞觞共醉。眼角的泪会滴到酒里，一饮而尽时，已品不到咸涩的滋味。只有在这时，才不必去回忆里寻觅温暖与快慰，而藏在心底的欢笑的影子，也会突然浮现吧。

同去赏梅吧。虽然错过了最好的时节，手边依然有熟悉的暗香。花开堪折直须折，莫待无花空折枝。梅花总是南枝先开，不如早早剪下簪于鬓边吧，若等到羌笛悠悠吹起的时候，谁又还有这样的心情？

她的眉梢，始终挂着那深沉的忧郁。虽然暂时安好，未来还是琢磨不透的谜。刚刚建立的南宋王朝上上下下都在茫然与惶恐之中，虎视眈眈的金兵却早已厉兵秣马，准备挥戈南下。今时今日得以赏梅，明年今日又会身在何方？故国已不在望，流离的生涯远未终结。她就如这开花的树，无助地立于茫茫的风雪中。

华灯初上的时刻，越发害怕孤单。很多时候我们不由自主握紧彼此的手，不是想拥有，而是怕失去。

这看似疏放旷达的词，不像那些缠绵的喃喃自语，只是叹息偶然失却的芳菲罢了——她多想做一个幸福的守望者，却不知明天将去向何方。这片刻的欢愉，却反衬出她心底的凄苦。

年轻时我们总怀着各式的梦想，及至老去只留下不甘或不屑的一晒。就如李清照从前那些宛似轻花的梦，而今仿佛都碎作水中粼粼的倒影。

李清照是如此思念故土啊。在这样的时刻，有歌有酒，却都不过是掩饰伤感的道具吧。也许她探的不是梅花，而是心中那份深深的思念吧。

宋代周煇的《清波杂志》中记载："顷见易安族人言，明诚在建康日，易安每值大雪，即顶笠披蓑，循城远览以寻诗。得句必邀其夫赓和，明诚每苦之也。"说她在建康时，踏雪觅诗，还非让夫君来和。这就与词中景象很有些相似了。赵明诚虽然才力不逮，每每苦恼于此，但还是会顺着她的性子。在这字里行间，我们似乎看到了他对她的包容与爱。

这时候，李清照与赵明诚都已过不惑之年，她却仍保有小女儿家一般的心性，数十年来他对她的疼惜与爱护，可想而知。我想起一句话："爱花，不是爱她的美丽，或是清香，而是她那盎然的生命力。"他对她，大抵如此吧。没有他这样的包容，她又怎会如一枝清芬四溢的菊，自在绽放呢？在这么寒冷的冬日，幸好在她的身边，还有这份温暖的呵护。

那时战乱频仍，时局不明，甚至眼前的这座城市不知何时就要陷于战火。虽然梅花与酒能给她小小的安慰，丈夫的宽厚能让她暂时宽心，但离愁与烦忧，还是悄悄爬上了她的心头。

只是，她总也学不会放弃，比如她所钟爱的梅花。她执意用自己的笔，描摹对往日的爱与哀愁。那些花儿，就像一句诗，或者一个名字，在她清美无俦的词中，静静绽放。

花影压重门，疏帘铺淡月

——月光透过窗棂，仿佛洒下某种不知名的忧伤与惆怅。

小重山

春到长门春草青。江梅些子破，未开匀。碧云笼碾玉成尘。留晓梦，惊破一瓯春。

花影压重门，疏帘铺淡月，好黄昏。二年三度负东君。归来也，著意过今春。

"春到长门春草青"，其实是《花间集》中薛昭蕴的词句。

春到长门春草青。玉阶华露滴，月胧明。东风吹断紫箫声。宫漏促，帘外晓啼莺。

愁极梦难成，红妆流宿泪，不胜情。手挼裙带绕阶行。思君切，罗幌暗尘生。

秋到长门秋草黄。画梁双燕去，出宫墙。玉箫无复理霓裳。

金蝉坠，鸾镜掩休妆。

忆昔在昭阳，舞衣红绶带，绣鸳鸯。至今犹惹御炉香。魂梦断，愁听漏更长。

长门是汉代宫名。长门宫是陈皇后被废后迁居之地。陈皇后名阿娇，"金屋藏娇"的故事说的就是她。汉武帝幼时见到小阿娇，惊为天人，于是信誓旦旦地说如果娶了阿娇，必当金屋藏之。可惜到后来，这段誓言被他抛却在风中。相传后来陈阿娇不甘心被废，花费千金，让司马相如作了一篇《长门赋》，希望汉武帝能够回心转意。后来，诗文中的长门就用来指代失宠被弃而索居的女子的居所。辛弃疾亦有词云："长门事，准拟佳期又误，蛾眉曾有人妒，千金纵买相如赋，脉脉此情谁诉？"

在薛昭蕴的词中，深宫里的女子寂寞孤苦。春草青，秋草黄，伴她们度过这伶仃的寂寂时光。也许正是这一句"春到长门春草青"，勾起了李清照对远游在外的丈夫的思念。

时间的步伐有时轻快有时沉重，其实都是我们心情的投射。欢欣时总觉得时光太快，哀愁时又总是如此难挨。漫长的等待，总是伴着一颗忐忑的心。

晨起远望，春草又青，江梅初绽。梅花花蕾上轻轻点染的晕红，恰似一抹动人的娇羞。赏梅的好时节，只可惜远人未归，总有些许的怅惘。

寂寞总难排遣。手把碧云笼，轻轻碾破茶饼。碎茶如玉屑，一杯香茗足以让人睡意全消。昨夜的梦散如朝霞，涂抹着绵绵的相思。

最是人间留不住，朱颜辞镜花辞树。在李清照的词里，极少见到晨起对镜梳妆，即使梳头，亦只是为了排遣自己的情绪。她从没有哀叹红颜易老，不是不在意，而是她自有一种少见的男子气。她果敢而坚忍，心中有所想便会直言不讳。可是对爱情，她终究还是做回一个默默痴缠的小女子，如一朵水中莲花，柔婉静默。

梅花清丽的姿影投于重门之上。月光透过窗棂，仿佛洒下某种不知名的忧伤与惆怅。黄昏正好，仿佛林逋在《山园小梅》诗所写的那样："疏影横斜水清浅，暗香浮动月黄昏。"

夜，静谧而美好。可那个远行的人，何时能归来呢？近年来已经错失了三次赏春的好时机。眼前月夜如此佳美，何不今春归来，共度这花月良宵？

我们发现很多词牌名也是极美的。有的源于最先填的那首词作，比如"忆秦娥"，源于李白的那首词。词开头写道，"箫声咽，秦娥梦断秦楼月"，那么词牌就从这凄婉的意境中化出。有的则源于古时的诗，比如"青玉案"，取自东汉张衡的《四愁诗》："美人赠我锦绣段，何以报之青玉案。"还有的源于唐时的舞曲、乐曲或是舞女的名字，比如"菩萨蛮"，源自女蛮国在唐宣宗大中年间进贡时所派遣的使者，她们"危髻金冠，璎珞被体"，被称为"菩萨蛮队"，教坊乐队因此作"菩萨蛮曲"。又如"苏幕遮"，据说是古龟兹的乐曲。

当词人遇到自己心仪的清词丽句时，他们就会将那些美丽的词句改为词牌的别名。"江南好，风景旧曾谙。日出江花红胜火，春来江水绿如蓝。能不忆江南？"自白居易写下这首著名的词之后，"忆江南"就成了这个词牌的名字，反而它的本名"望江南"或"谢秋娘"用得少了。再如苏轼的千古绝唱《念奴娇·赤壁怀古》，为"念奴娇"赢得"大江东去"与"酹江月"的雅致别名。

在李清照的这首词中，有不少人喜欢"疏帘铺淡月"的恬淡意境。南宋词人张辑将"疏帘淡月"写在了他的《桂枝香》中：

梧桐雨细。渐滴作秋声，被风惊碎。润逼衣篝，线袅蕙炉沉水。悠悠岁月天涯醉。一分秋、一分憔悴。紫箫吹断，素笺恨切，夜寒鸿起。

又何苦、凄凉客里。负草堂春绿，竹溪空翠。落叶西风，吹老几番尘世。从前谙尽江湖味。听商歌、归兴千里。露侵宿酒，疏帘淡月，照人无寐。

不仅如此，张辑还把这首《桂枝香》改成《疏帘淡月》，"疏帘淡月"这个清雅的词牌别名，就由此而来。

她于等待中写就的清词丽句成了别人作词的词牌，这其中也包含着诗一般的意味吧。让我想起了卞之琳的《断章》：

玉瘦檀轻无限恨

你站在桥上看风景，
看风景人在楼上看你。

明月装饰了你的窗子，
你装饰了别人的梦。

易安这些美好的句子宛若从水中掬起的落花，装饰了别人的词，
也装饰了我们的幽梦。

寒日萧萧上琐窗

——行走于世间，徘徊在人生的四季。

鹧鸪天

寒日萧萧上琐窗，梧桐应恨夜来霜。酒阑更喜团茶苦，梦断偏宜瑞脑香。

秋已尽，日犹长，仲宣怀远更凄凉。不如随分尊前醉，莫负东篱菊蕊黄。

重阳这个节日属于怀念。或许是因为在悠长的秋日，总有莫名的离愁别绪会浮上心头吧。

梧桐是早凋的树木，入秋时节便已是落叶纷飞。日上琐窗之时，看深秋的风里棵棵梧桐早已褪去一身金黄，只在枝头留下昨夜的轻霜。阳光下那微微闪烁的，是它不经意间溢出的小小泪滴吗？

眼望这萧索的秋光，徒增伤感而已。在这个寒气逼人的秋日，也许酒才是唯一的慰藉与温暖。

美酒如甘露，直让人不忍释手。梦阑酒醒之时，只有瑞脑淡淡的清香环绕。清寂之中，这幽幽的香气越发浓烈，恰似心头拂不去的哀愁。茶，总是越苦越好，尤其在有几分余醉之际。一杯龙凤团茶，那透着清香的苦味自舌入喉，直到心底。

她心里念念不忘的，又是什么呢？

每个人心里都有家乡，那是最为温暖的所在。理塘是六世达赖喇嘛仓央嘉措的家乡。在心神困苦不宁的时候，他亦曾唱出自己的心曲：

> 洁白的仙鹤啊，
> 请把双翅借给我。
> 我不飞遥远的地方，
> 只去到理塘就回。

是啊，还是回理塘去吧，回到那个有牧歌的地方，那个能让心灵得到安宁的所在。理塘传说是他心爱的姑娘的家乡，在仓央嘉措，大概可算是他自由心灵的家园。他渴望自由，却总被束缚在自己不喜欢的地方。多才又多情，他的命运总让人唏嘘不已。据说，他在赴京途中路过青海的贡噶诺尔时，蓦然望见极美的青海湖湖光。仿佛听到了情人的召唤，又像是望见了久违的故乡，于是，他唱着心爱的情歌，头也不回地走入湖中，让清澈的湖水永远湮没自己。那时，他年仅二十四岁。

越是回不去的人，才越是如此思念家乡吧。正如身在江宁的易安，故土对于她已经变成一条遥远的天际线。登楼北望，不禁泪流。这时候，她也许会想起那篇脍炙人口的《登楼赋》。

《登楼赋》是仲宣的名作，其中写道："虽信美而非吾土兮，曾何足以少留。"是啊，再美的异乡，也比不上心中那方永远的乐土啊！

仲宣，是王粲的字。王粲也是山东人，"建安七子"之一，因为文才出众，被誉为"七子之冠冕"。他十七岁时，被日薄西山的东汉朝廷征召为黄门侍郎。当时的长安，董卓刚刚被杀，李傕、郭汜等各派军阀争权夺利，混战不休。王粲便以长安混乱为由，到荆州做了刘表的幕僚，以避战乱。但他在荆州并未得到应有的重用，郁郁不得志。于是，在某个天高气爽的秋日，他登上当阳城楼，写下了《登楼赋》。荆楚大地，虽则亦有美不胜收的锦绣山川，又如何比得上家乡的一草一木的亲切可爱？那时候的他，壮志未酬，怀乡思归，心中的凄凉感叹只能付与秋风吧。

当易安登楼远眺时，想来会对仲宣心有戚戚吧。让人魂牵梦绕的故乡，如今不知成了什么模样。在长长的秋日，在遥远的异乡，一种止不住的怀想，让人不由得黯然神伤。

归期无期，所以，还是忘了吧。不如再斟上一杯酒，去探那园中的菊。那些盛开的菊花，金色的花瓣流光溢彩，仿佛是上天赐予的珍品。

"采菊东篱下，悠然见南山。"陶渊明可以归去来兮，而她呢？归家既是空想，只好将杯中美酒一饮而尽，才算不辜负这菊香飘溢的秋光吧。就在东篱菊花前，醉梦一场，一酬离殇。

那幽幽的花香，也许能在梦里送她去那日夜思念的地方。

孤独总是被回忆缠绕。我们行走于世间，徘徊在人生的四季，有很多事情是怎么也想不明白的。漠然前行的时光，是不会懂得人们心底的悲哀的。

人生有太多无奈，总也逃不开这尘世的束缚。因此才会那么怀念心中的故土，也许只有在那里才可以纵情地笑或者哭。在那里，我们可以走着，唱着，直到霞光遍野，直到风流云散，直到那静谧的夜晚终于来临。

所以，还是醉去吧。在依稀的梦中，你会回到故土，会沉醉在故乡的菊花香里。

归鸿声断残云碧

——起行处，远方有依稀的微光。转过身去，却是阳光耀眼，让人看不清来时的路。

菩萨蛮

归鸿声断残云碧。背窗雪落炉烟直。烛底凤钗明，钗头人胜轻。

角声催晓漏，曙色回牛斗。春意看花难，西风留旧寒。

每次读这首词，我总是想起温庭筠。

李清照写词，大多以浅近之语，直抒胸臆；温庭筠却相反，他的词只将那些黯淡的情绪，隐于精致绝伦、华美至极的细节之中。不过李清照的这首词，则如温词一般，对自己的心境不着一字，这是很少见的。在这首《菩萨蛮》中，只有默然的景致，不见半字的情愫，就如一幅淡逸的水墨画，以极轻极缓的笔触，勾勒出她满怀的心事。

远鸿犹如云上的墨点，鸣声断续而悠长。它们在云天上缓缓飞过，不留下一丝痕迹。"相忆梦难成，背窗灯半明"，这是温庭筠的句子，与易安这首词里的心境，莫名相似。窗外，天光渐渐暗淡，那远处的墟烟，在日暮的昏暝中点染出些许尘世气息。

词里这般景致，一定会让人想起王维的"渡头余落日，墟里上孤烟"。只是易安的今时今日，与王摩诘当年的心情怕是大不相同了。天地依旧旷远而宁静，仿佛亘古从未改变。晚霞已逝，只见天边一抹沉郁的颜色。雪后，傍晚，轻寒，心头难免有一点忧悒。

来到这陌生的南国，对时局的担忧，与日俱增的乡愁，总是萦绕在她的心头，难以纾解。转回头，凤钗映着跳跃的烛光，那缤纷的人胜在轻轻颤动。

人胜本是极轻而美的手工饰物。温词中写道："藕丝秋色浅，人胜参差剪。"南朝梁时的宗懔在《荆楚岁时记》中说："正月初七为人日，以七种菜为羹，剪彩为人，或镂金箔为人以贴屏风，亦戴之头鬓。又造华胜以相遗。"在初七人日这天，剪五色彩绸或金箔为人形，簪于鬓上，风来则动，风止不息，如一枝轻盈的花。

凤钗与人胜，有着喜悦或是哀伤的颜色。凤钗偶明，人胜微摇，在这深沉暮色中，如同一丝几乎察觉不到的欢愉。只是，这一点亮色，早已弥散在夜色一般难以消散的哀愁之中了。

来到江宁已近一年，与丈夫团聚是喜，而背井离乡是忧，国破之恨尚未稍减。她此时心中所愿，只是尽快安定下来吧。

可时局的变幻，实在让人心中难安。当初听说金兵进犯京师时，她四顾茫然，"且恋恋，且怅怅"。因为她深知，她所珍爱的一切都将不复存在。夫妇俩苦心收集的金石文物，以及他们安宁而幸福的生活，都会如轻花落去，杳无踪迹。她离开青州时，对一时无法运走的部分文物尚且抱着一丝幻想，存于十多间屋子里锁好，期待第二年春天"具舟载之"。最终，她没能再回去。青州，那个承载了她太多美好回忆的地方，当时已是永别。

就在不久前，金兵攻破青州，李清照留在家中的所有金石文物被洗劫一空，连十余间屋子都被付之一炬，成为焦土。得知费尽半生心血收集来的珍宝在一瞬间消散殆尽，怎不让人欲哭无泪？

朝梦如流云，散去了无痕。悠悠的晓角声仿佛催落了更漏，天边已是淡淡的曙色和渐隐的群星。春意虽好，看花却难，或许是因为西风吹走了兴致吧，又或许是憔悴的人儿再也经不起凛凛的寒意。起行处，远方有依稀的微光。转过身去，却是阳光耀眼，让人看不清来时的路。

很多人都有过这样的彷徨。前路茫茫，未来像日暮的树影隐没在晦暗的雾中。如果心中还有一丝未曾熄灭的希望，也许能支撑我们去努力。只是有时候，悲凉的现实终究让人无奈和无助。

此时易安的心情一定是沉重的吧，国家前途不明，夫妇二人牵挂着的金石文物毁于兵燹。在这个离乱的年代，渺小的个人又能改变什么呢？西风旧寒，不只因为这乍暖还寒的季节，更多是因为心底的惶恐与压抑吧。这个时候说起看花，早已没了心情。

北去的鸿雁是幸运的，它们都有一双自由的翅膀。人世间却有太多的无奈，即便曾经有过理想的翅膀，恐怕也早被无情的现实生生折断了吧。

回望自己的内心，终究会明白，当岁月逝去，那些留在我们心中的温暖与美好，才是值得用一生去守护的珍藏。

良宵淡月，疏影尚风流

——那惊鸿一瞥的美丽，在诗中灿然绽放。

满庭芳·残梅

小阁藏春，闲窗锁昼，画堂无限深幽。篆香烧尽，日影下帘钩。手种江梅渐好，又何必、临水登楼。无人到，寂寥浑似，何逊在扬州。

从来，知韵胜，难堪雨藉，不耐风揉。更谁家横笛，吹动浓愁。莫恨香消雪减，须信道、扫迹情留。难言处，良宵淡月，疏影尚风流。

春天是某种恬淡的气息。当你嗅到了，它便在那里。

小小的闺阁之中，有余香袅袅。画堂清幽，琐窗紧闭，似乎潜藏着春意，让人有太多遐想。那些困在小楼中的绮思，在煦暖的阳光下渐渐散开，消失得无影无踪。《牡丹亭》里杜丽娘唱道："良辰美景奈何天，赏心乐事谁家院？"李清照此时的心情，或许很是相似吧。

帘钩挂起，看淹留不住的光阴轻轻逝去；日影迟迟，宛若投在心底的黯黯离愁。亲手新种下的梅花渐渐枝繁叶茂，让她心中稍稍安慰。也许，已经不必再临水登楼，眺望远方的故土。念着江梅的刹那芳华、独自美好，如此惹人怜惜，那么就与这梅花相伴，一起消磨这个寂寥的午后吧。

兔园标物序，惊时最是梅。

衔霜当路发，映雪拟寒开。

枝横却月观，花绕凌风台。

朝洒长门泣，夕驻临邛杯。

应知早飘落，故逐上春来。

她想起六百多年前，南朝诗人何逊在扬州与梅花的那一次偶遇。那别样的梅花，那惊鸿一瞥的美丽，在诗中灿然绽放，在多少人的心中留下动人的芳姿。杜甫写过："东阁官梅动诗兴，还如何逊在扬州。"何逊一首《咏早梅》吟罢，让诗圣都念念不忘。

总有一种情怀是相似的。梅花就像一位洗尽铅华的美人，她的美，只有少数人真正懂得。

梅花，总是别有韵致，在肃杀的寒风中清芬吐蕊，兀自绽放，就像唐代崔道融在他的《梅花》诗中所写的那样："香中别有韵，清极不知寒。"但它毕竟是柔弱的，风雨霜雪也不会顾及这清丽与馨香，等到所有的花瓣都已凋落，在漫天的花雨之中，如果听闻一支悠远的

横笛，如轻轻的挽歌，就会吹起心中的哀愁。

轻轻落去的花，刹那间消逝得无踪无影，只余一丝淡香，被深深凝视的人藏在心里。

如果没有梅花，这世界将会失去多少诗意。"疏影横斜水清浅，暗香浮动月黄昏。"这样的风致，正是李清照心中的精神图腾。在那些艰难的时刻，她亦如这梅花，清芳自许，不畏严霜。

"南来尚怯吴江冷，北狩应悲易水寒。"

"南渡衣冠少王导，北来消息欠刘琨。"

靖康以来，国破之恨在每一个宋人心中再也挥之不去，甚至"靖康"这两个字，也成了国耻的代名词。对于李清照亦不能例外。她随夫君南迁，总是不忘旧日汴京城中的好时光，对苟且偷安的宋廷亦是心存不满。这几句诗，便表达了她当时失望至极的心情。

山高水远，家国何处？曾经繁华无比的汴京城，已经刹那间几乎成为一座空城。当她愤而写下"生当做人杰，死亦为鬼雄。至今思项羽，不肯过江东"这样千古流传的诗句时，心中该是怎样痛楚与无奈。

历史的洪流裹挟着所有小小的个体。在这样的关头，有人惶惑，有人沉默，有人愤恨，有人却趁机争名夺利。世间百态，在历史的这个瞬间一一呈现。面对波谲云诡的未来，李清照不能改变什么，但她始终没有忘记，自己是大宋的女儿。对于故国，她至死都有着深深的眷恋。

写下这首词不久，她的两个亲舅舅王仲山、王仲嶷都投靠了金国。建炎四年（1130年），在金人的扶持乃至一手操办下，叛臣刘豫建立伪齐，自封为皇帝。这时的她，心中又该作何想呢？

故国是李清照心里永远的痛。她对这种奴颜婢膝的行径甚为不齿，面对这样的时局，只有用自己手中的笔来作答："两汉本继绍，新室如赘疣。所以嵇中散，至死薄殷周。"这激愤而铿锵的诗句，很难想象是出自女子之手。她对伪齐深为鄙视且痛恨，在她心里，所谓"大齐"，和王莽代汉自立的新朝一样，只不过是篡臣的伪朝，终将是昙花一现、过眼云烟。而深恶司马氏篡夺曹魏、借"薄殷周"之语讽刺现实的嵇康，才是她心目中的英雄。

只是不知道思念的故土，现在变成了怎样一番模样？

了解了这首词的写作背景，就不难理解她写的这一句"疏影尚风流"了。

生于纷繁尘世，不觉间已失去了太多。也许从前的理想，早已从我们手边滑落。我想起聂鲁达的那句诗："我们甚至遗失了暮色。"曾经多少次，我们惊叹于那么美的暮色，而在未来暧昧的微光中，这些也许再不会被记起。

"良宵淡月，疏影尚风流"，其实是一个人的寂寞。是李清照的，也可能是我们每个人的。我们心里是否还有这样一枝梅花，以及花树下那一方清凉皎洁的月光呢？

永夜恹恹欢意少

——"像每一滴酒回不了最初的葡萄，我回不了年少。"
（《水问》）

蝶恋花·上巳召亲族

永夜恹恹欢意少。空梦长安，认取长安道。为报今年春色好，花光月影宜相照。

随意杯盘虽草草。酒美梅酸，恰称人怀抱。醉里插花花莫笑，可怜春似人将老。

行云，流水。我们的文字总是如此奇妙，仅仅两个词、四个字，就能让人有无尽想象，就如国画里那些不着点墨的留白。又或者，如这一首《蝶恋花》。

易安词总有一种内在的流畅韵味，从不拖沓和矫情。那些平常的语句，在她的生花妙笔之下，魔幻般地变了一番模样，或是真纯可亲，或是哀婉动人。每一个字都流淌在你的舌尖，每一个字都滑落进你的心底。

玉瘦檀轻无限恨

　　上巳是个古老的节日。之所以叫作"上巳"，因为这个节日是在三月的第一个巳日。魏晋以后将上巳节固定为每年的三月初三，此后这一天便成了水边宴饮、郊外游春的节日。这就是我们熟悉的"三月三"的由来。宋代还将这一天作为北极佑圣真君的诞辰，各地还要举行隆重的迎神赛会，把神像从庙宇中抬出来游行和祭拜。宋人吴自牧的《梦粱录》中记载了当时的盛况："士庶烧香，分集殿庭。诸宫道宇，俱设醮事，上祈国泰，下保民安。诸军寨及殿司卫奉侍香火者，皆安排社会，结缚台阁，迎列于道，观睹者纷纷。"直到今天，一些地方还有过三月三的习俗。

　　南渡来到江宁，已是第二个年头了。三月的江南，正是"草长莺飞，杂花生树"的时节。她的心境却始终有些黯然。韩偓的诗中写道："把酒送春惆怅在，年年三月病恹恹。"不过她的重重心绪，并不是因为这个慵懒的季候。

　　长夜漫漫，无心睡眠。梦中的汴京，在劫难过后，不知是否还安好？城中那久未听到的暮鼓晨钟，此刻仿佛从云中悠悠传来，远在天边，近在耳畔。"西北望长安，可怜无数山。"山遥水远，故都已不在望，心中怀念长存。

　　晨起的春色却让人有小小的欣喜。新月如钩，挂在黎明的天际。遍野都是初开的花儿，仿佛是天幕上无数星光的投影。那恬淡的花草香，总在不经意间钻入鼻中，让她紧锁的眉头变得舒展起来。月色花影两相宜，此刻春光，清美而绚烂。

　　在离乱的年头，如逢亲友相聚，心头别有一番滋味。杯盘草草，自是无须介怀，本就是来问候安好，分得一杯悲喜。酒依然如此香甜美好，配上江南青涩的梅子，恰合此刻的情怀。梅子可以安心去烦，本是解酒的良方，可即使有梅，仍是难免一醉。年年岁岁花相似，岁岁年年人不同。春光总是依旧，只是青丝已渐渐染上霜痕，曾经清澈的眼眸不觉间就盈满了泪花。

　　春相似，人将老。谁都有老去的时候，无从逃避。只是这话从一个女子口中如此直白地说出来，却是少见的。女人天性不爱说老，李清照却丝毫不避讳。她的词虽然婉约，却天然有种坦荡与率真的气质。其实当时的她，不过四十出头，但生活的磨砺、家国的变迁，让她心中陡生苍凉。更残酷的是，她那时的景况还只是山雨欲来，人生中真正的暴风骤雨正在不远处等着她。

　　简媜的《水问》中写道：像每一滴酒回不了最初的葡萄，我回不了年少。是啊，花开的年少终究是回不去了。李清照的这首词，像一个隐约的谶语。对她来说，春天是渐行渐远了。

　　这首词，亦让我想起了欧阳修的那首《浣溪沙》：

　　堤上游人逐画船。拍堤春水四垂天。绿杨楼外出秋千。

　　白发戴花君莫笑，六幺催拍盏频传。人生何处似尊前？

　　词中描摹春光美好，有精美的画船，有依依的杨柳，亦有在风中荡着秋千的少女。急管繁弦、觥筹交错之时，红花簪皓首，喜不自禁忧扰全抛。在这欢乐的高潮，词人却突然问道："人生何处似尊前？"是啊，人生万事，有什么能如饮酒这般欢乐呢?

　　原来这春光，这美酒，这欢聚的时刻，不过是覆于哀愁之上的华美霓裳而已。欧词的含意与李清照的"可怜春似人将老"是多么相似啊。看似洒脱，其实都是带泪的微笑。

　　在江南的三月，在这如水墨画般美好的春色之中，李清照只是醉了，只是在那微微的眩晕中，嗅到了故土的味道。

春归秣陵树，人老建康城

——梦里花开的季节，曾经有诗，有酒，有爱。而现在，忧伤催人老去。

临江仙

欧阳公作《蝶恋花》，有"深深深几许"之句，予酷爱之。用其语作"庭院深深"数阕，其声即旧《临江仙》也。

庭院深深深几许？云窗雾阁常扃。柳梢梅萼渐分明。春归秣陵树，人老建康城。

感月吟风多少事，如今老去无成。谁怜憔悴更凋零。试灯无意思，踏雪没心情。

庭院深深深几许？云窗雾阁春迟。为谁憔悴损芳姿。夜来清梦好，应是发南枝。

玉瘦檀轻无限恨，南楼羌管休吹。浓香吹尽有谁知。暖风迟日也，别到杏花肥。

玉瘦檀轻无限恨

李清照所爱的"庭院深深深几许",是欧阳修的名句。一曲《蝶恋花》,深情款款,委婉动人。

庭院深深深几许?杨柳堆烟,帘幕无重数。玉勒雕鞍游冶处,楼高不见章台路。

雨横风狂三月暮,门掩黄昏,无计留春住。泪眼问花花不语,乱红飞过秋千去。

李清照酷爱这首词,自然有她的理由。

庭院深深,帘幕重,柳如烟,就如其间深深的哀苦与清愁。独上小楼,望不见章台路,望见的是那早已无望的爱情。"雨横风狂三月暮,门掩黄昏,无计留春住。"骤然袭来的风雨就如无尽愁苦扑面而来,几使人抑郁成疾。"泪眼问花花不语,乱红飞过秋千去",这一句又是何等哀伤。人生的无奈处,莫过于此吧。

难怪她如此钟爱。因为这词中的种种,与她现时的处境与心境,是何等相似!

南渡以来,赵明诚数度赴任,与妻子聚少离多。在这样的日子里,李清照感受到深深的倦怠。她写下这两首词的时候,夫君虽远离,但尚在人世,此时岂能料到,不久后最亲近的人将与她永诀。

建炎三年（1129年）六月，赵明诚告别妻子赴湖州上任。路上，他因为酷暑中奔波而染疾。至七月途经建康时又得了疟疾，卧床不起。她得知后，从池阳匆匆赶往建康，却几乎只是见了夫君最后一面。赵明诚从患病到去世，不过短短一个来月。其间她忧心如焚，担惊受怕，甚至到了夫君弥留之际，她还是既不敢也不忍问后事，生怕会一语成谶。到了八月十八日，她深爱的丈夫还是去了。人生大劫，让人无所遁匿，悲不自胜。受此打击，她大病一场，以至"仅存喘息"，险些也撒手随夫君而去。当她亲笔写下"白日正中，叹庞翁之机捷；坚城自堕，怜杞妇之悲深"这样的挽词时，谁又能懂得她的悲怆？

不幸如她，要因此多承受近三十年的流离与孤苦，要独自去面对人世间种种的不平遭际和旁人的嗤笑与冷眼。不过，我们却有幸因此读到那些以血泪凝成的辞章——或许不华美，却极为动人。

此后的李清照，携着那许多金石文物，漂泊流离，居无定所。

当你怀念过去时，也许就是开始老了。

身居客乡的李清照，在那云窗雾阁之中，春光早已被她拒之门外。闭门索居，窗外的无尽春色，她或许是不忍，也或许是无心再看了吧。

春归秣陵，柳梢吐绿，梅萼初生。昔日，她曾与夫君携手游历，踏雪寻春。而现在，她却在这里独自老去。梦魂所系，时时牵挂的那个人现如今四处奔波，不知身在哪里。

当年吟风弄月、意气风发，写下了那么多佳美的句子，如今又有何用？宋代周辉的《清波杂志》卷八载："顷见易安族人言，明诚在建康日，易安每值天大雪，即顶笠披蓑，循城远览以寻诗，得句必邀其夫赓和，明诚每苦之也。"南渡之后的前两年里，总还有温暖的时刻，无论她去哪里，他总是陪着她。她每每要他和诗，或许只是借口罢了，即便他讷于言语，只要有关心自己的人在身旁，对她已是足够。

那些醉酒眠花、品茗赏画的时光，原来只是幻影般的存在。谁怜憔悴更凋零，如今鬓上，再也没有他亲手所摘的花。那一缕手边的清香，是今生再也觅不到的好。

身边没有了他，元宵观灯，踏雪寻梅，了无意绪。

后来，在那个初秋时节，他竟自顾自地走了。世界随之空了。

伤春春迟暮，怜花花不语。那些雾中的芳树，默然伫立，也仿佛在为谁而憔悴。昨夜梦中，清芬如许，是不是向阳的梅枝终于开始绽放？

轻盈的花蕾，就如回忆中惹人疼惜的小小片段。只是远远的一声羌笛，惊破了所有的遐思与旧梦。等那浓浓淡淡的香都被风吹尽，只留下一株伶仃的树影，谁还会记得，在那枝头叶梢曾停驻过的怀念。

《诗经》中言：春日迟迟。暖风迟日，春日渐长。等到娇艳的杏花盛开的时节，也许就没人记得这曾惹人怜爱的小小梅花了吧。

在那个梦里花开的季节，曾经有诗，有酒，有爱。而现在，忧伤催人老去。在这个春日小城，在雾色迷离的清晨，仿佛还能嗅到那熟悉的芬芳，而那个徜徉在花树下的身影，却再也寻不到了。

病起萧萧两鬓华，卧看残月上窗纱

——那一份无望的等待，早在她的发梢，染出思念的雪。

山花子

病起萧萧两鬓华，卧看残月上窗纱。豆蔻连梢煎熟水，莫分茶。

枕上诗书闲处好，门前风景雨来佳。终日向人多酝藉，木犀花。

时光总能抚平某些伤痕，虽然缓慢，却不着痕迹。

赵明诚骤然离世，李清照大病一场。此刻，大病初愈的她终于能起身，但却终是无力。卧在床上，看那一轮残月慢慢爬上窗纱。这时的她，两鬓早已泛出些许斑白。

这次打击对于她来说实在太过沉重。夫君去世，膝下无子，李清照无依无靠，孤身一人。即使她曾写下那些绝美的辞章，即使那些清词丽句传唱一时，世间真正懂她的人实在太少太少。

岁月无痕，悄然逝去。时间宛如一个刀法娴熟的雕刻者，在每一个人脸上雕出皱纹，心中刻下沧桑。病愈的她，哀愁如永夜，心中的隐痛如影随形，噬心销骨，无从摆脱。

"天寒袖薄平生惯，一点冰心抵万金。"这是近代女词人丁宁在《鹧鸪天》中的句子。她的遭遇和李清照有些相似，亦经历了战火纷飞的动乱年代，只是她年轻时就是孤身一人，从没有过李清照那满溢着甜蜜与幸福的美好时光。相似的句子还有杜甫的"天寒翠袖薄，日暮倚修竹"，当所有繁华都已散尽，只留下一个秀逸的影子，默然而立。

这些句子里表现的娴静婉约又自矜自怜，或许与李清照病后的心境有些相似吧。

江南豆蔻生连枝。豆蔻，这美丽的小花，总让人情不自禁忆起自己的青春年华。"娉娉袅袅十三余，豆蔻梢头二月初。"在那么美好的季节，看到成串的缤纷小花在春风中微微颤动，怎能不让人心中有所感怀！

只是李清照写豆蔻，并不是怀念她的少女时代。

豆蔻性辛温，可以入药去寒湿。用熟水煎豆蔻，是煎药的一种方法。把这清香的果实投入滚水之中，密封煎之，熬好后香气将会倍增。分茶则是宋人以沸水冲茶的一种饮茶方法，其过程亦颇为讲究。"莫分茶"就是不饮茶，因为茶性凉，与豆蔻正相反，所以不宜一起饮用。

李清照颇懂得养生之道，她以七十多岁的高龄辞世，或许与此有关。她出身书香门第，自幼天资聪颖，精通的自然不止养生。她对琴棋书画无所不通，甚至对博戏也极为精擅，还写出了《打马图经》这样令人称奇的文章。只可惜这位博学的才女，却是如此命途多舛。这时她还未想到，在丈夫赵明诚去世之后，自己还要历经更多坎坷与风波。流离奔波、寄人篱下的日子，才刚刚开始。

还是拿起枕边的书吧。因为，烦忧的时候，淡淡的墨香总能让人的心情归于平静。

她是一刻也离不得书的，即便在病重时，枕边书依然能给她几多慰藉。纵然孤苦，幸得此刻心中留有一种恬淡的安宁。

空山新雨后，天气晚来秋。窗外，是雨后如洗的风景。那座山，那些树，那静而远的天空，让人想起珍藏于心的岁月。

"终日向人多酝藉，木犀花。"此时的桂花是她蕴藉风度的写照，这与少女时代"自是花中第一流"那种骄傲与自矜是多么不同啊！蕴藉是一种态度，含蓄包容者，谓之蕴藉。此时心境，确是早已不同于以往。

对很多喜欢易安词的人来说，多么希望她后来写的词都是如此，词中她从容而淡泊，闲来只是读书作词。

然而，这只是我们的美好愿望罢了。李清照的个性与情感，注定她少有这样平和的心境。其实这首词中的她，表面虽然平静，却也是心中有泪，宛如默默流淌在地下的河流。伤口实在太深太深，但只要不揭开，就不会感受到那种钻心的疼痛。及至后来，她写下"寻寻觅

觅，冷冷清清，凄凄惨惨戚戚"这样的千古绝唱，读者才知道，那些刻骨的伤痛，从未远离。

　　"一霎车尘生树杪，陌上楼头，都向尘中老。"这是王国维《人间词》中我最喜欢的一句。词中的女子独上小楼，望穿秋水，痴痴地等着远方的游子。陌上过来的一辆车，让她满怀期望，可是那车却丝毫没有停留之意，倏尔远去，留下漫过树梢的尘埃。一霎时，我们蓦地想起，那楼上的佳人，和那路上的少年，都会在尘烟中慢慢老去吧。恍惚中，时光仿佛忽然停止，却有一种悲伤，没来由地在心头泛起。

　　而易安，也会在尘烟中老去吗？她此时在这雨后的晨光中，仿佛望见了曾经盛满欢笑的日子。而那一份无望的等待，早在她的发梢，染出思念的雪。

梧桐落，又还秋色，又还寂寞

——时光穿越所有的怀想与思念。在这不同的时空，我们依然清晰地记得，那个下午，看着秋天远去。

忆秦娥

临高阁，乱山平野烟光薄。烟光薄，栖鸦归后，暮天闻角。

断香残酒情怀恶，西风催衬梧桐落。梧桐落，又还秋色，又还寂寞。

当你望见那萧瑟又安静的秋，心中是怎样一种感受呢？

每当看到一些照片或是油画，比如白桦林静静立在湛蓝而高远的天空下，又比如一条铺满落叶的林间小道，你都能清晰地感受到其中的意味。藏在心底深处的只属于这个季节的骊歌，蓦然被轻轻唤醒。那些没来由的迷思，在不知不觉间渗透到心里，慢慢沉积。

谁也说不清这感觉究竟从何而来，但它就在那里，一如面前这静默的秋天。

《忆秦娥》是个古老的词牌。它与《菩萨蛮》一样，被称为"百代词曲之祖"。这个充满了伤怀与怅惘意味的词牌，仿佛总是与秋的寥落有关。

据说这个词牌名，来自大诗人李白写的那首著名的小令：

箫声咽，秦娥梦断秦楼月。秦楼月！年年柳色，霸陵伤别。
乐游原上清秋节，咸阳古道音尘绝。音尘绝！西风残照，汉家陵阙！

词中有伤感，还有无以言说的落寞与惆怅。但细细去读时，又似乎什么都没有，只有古道斜阳，以及无声的天际。也许是因为我们的心太小太小，装不下词中的整个秋天吧。只是那留在心里的呜咽箫声，与月下的柳影，总是在离别的西风中被记起。

当秋色映入眼帘，秋意悄悄蹀进她的心里时，也许她就想起了"忆秦娥"这三个字吧。

谁也不知道，那些铺满秋叶的小径，藏着什么人怎样的落寞。怀念未必需要理由，总有些时候难以抑止。往昔的那些花，那些树，是会铭记一生的美好，在你的心中留下落寞，让你的眼角泛出泪花。

登上高阁，或许只是为了迎面而来的风。因为泪落在风中，不会有人看见。平野辽阔，天幕低垂。那远远的山色，显露几分凌乱与沧桑，未及深秋，它们就已如此憔悴。有淡淡的雾霭，模糊了秋天的树林、村庄，和那默然流过的小河。

柳永曾写道："草色烟光残照里，无言谁会凭栏意？"这和她现在的景况，竟如此相似。总有一种黯然，停留在苦苦思念的人眼底，挥之不去。寒鸦蓦地成群飞起，掠过这干净晴朗的天空。而在不知名的远处，画角声透过澄澈的空气，悠悠传来。

画角，其实就是号角，一般是在黄昏或清晨吹起，警昏晓，振士气，肃军容。这有着哀厉而高亢音调的号角，本来是军中肃穆与威仪的象征，不知为何，人们却偏要在上面画上华美的图饰。或许，是因为每个人心里都有回不去的家乡，说不出来，只能以五彩的颜色默默倾吐自己的想念。

她也有那样的家乡。在她写下的回忆文字里，我们分明看到"甘心老是乡矣"这样的句子。那时候他还在，还是活生生的，会给她簪花，陪她赏月，或是与她一起玩赌书泼茶的游戏。那时，她是如此幸福，如同没长大的孩子，总是显露着天真与喜悦。他知道很多事情自己是争不过她的，也就总是让着她，呵护她。后来在建康的时候，她总要他陪着一起去踏雪，要他和诗，他依然和从前一样，让着她，哄她开心。

她，是他捧在手心的那朵最美的花。

所以，她才会写下"断香残酒情怀恶，西风催衬梧桐落"这样的句子。断香，其实是不祥的。苏轼在《翻香令》中写道："且图

得，氤氲久，为情深、嫌怕断头烟。"意思就是，生怕夫妻二人因这断香而不能幸福偕老。她却毫不避讳，因为那个时候，已经不需要避讳了。

梧桐落，于萧萧的西风之中。这会让她想起贺铸那首思念亡人的《鹧鸪天·半死桐》吧。

亲戚或余悲，他人亦已歌。香已消，酒已残，西风中的梧桐定格成眼中暗淡的风景。没有人想遇见这样的秋天，可秋天总会静静地在那里。

"又还秋色，又还寂寞。"其实秋天只是悲伤的催化剂而已，可是一颗饱受思念折磨的心，该如何面对这样的秋色？

时光终会穿越所有的怀想与思念。在这不同的时空，我们依然清晰地记得，那个下午，看着秋天远去。那时的她只是素淡裙装，悄然而立，临水照花般美好，就在那个秋天，凝成一道风景。

不怕风狂雨骤，恰才称、

煮酒残花

思君令人老，岁月忽已晚。清凉的晚风吹散了回忆的零碎片段，只留下词里的无声诉说，似眉间藏不住的哀愁，如此悠长。

人间天上，没个人堪寄

——还想回到最初，找回那份温暖和感动。那时，时光宛若从未开始。

孤雁儿

世人作梅词，下笔便俗，予试作一篇，乃知前言不妄耳。

藤床纸帐朝眠起，说不尽、无佳思。沉香烟断玉炉寒，伴我情怀如水。笛里三弄，梅心惊破，多少春情意。

小风疏雨萧萧地，又催下、千行泪。吹箫人去玉楼空，肠断与谁同倚。一枝折得，人间天上，没个人堪寄。

回忆是个奇怪的东西，初时温暖，继而悲冷。

在这个清晨，小雨沾湿了心情。早晨从藤床上睡起，纸帐上有点点梅花，却再也勾不起一丝兴致与情思。香炉灰冷，轻烟已断。那莹润的玉炉上，仿佛还留有昨夜如水的月光，可惜在这个冰冷的季节，让人失去了触摸的欲望。

疏雨潇潇，心中几多凄凉，化作清泪流下。一支远远的笛，又吹起了心中多少怀念。梅花三弄，或许只在这样的春天，这样的风雨时，才有特别的意义。这温婉的笛，能否惊醒沉睡已久的春天？

她言："世人作梅词，下笔便俗，予试作一篇，乃知前言不妄耳。"其实，她写的梅词何曾"下笔便俗"呢？她写过"香脸半开娇旖旎""玉人浴出新妆洗"；写过"红酥肯放琼苞碎，探著南枝开遍未"；亦写过"难言处，良宵淡月，疏影尚风流"。这些清美的句子，哪里落了俗套呢？

也许，她只是怀念从前的春天罢。也许她觉得，自己冰凉的手，早已握不住一支轻笔。

这一年的八月，赵明诚病重而逝。她仿佛忽然失去了所有的依靠，悲恸，哀哭，乃至大病一场，险些就此追随夫君而去。但是在这兵荒马乱的年景，她只能压抑心底的哀苦，埋葬了夫君，还要将两人苦心收集得来的十多车金石文物保护好，乱世之中仅凭她一个羸弱的女子，其中苦楚可想而知。父亲去世，夫君猝死，连一个可以投靠的人都没有，天地之大，何处是她的归所？

终于稍稍安顿下来，这时候心里积蓄已久的情感在某一个清晨喷涌而出，让她几乎无法遏制。

细雨淅淅沥沥，宛如天空遗留在眼角的泪滴。李商隐说："离鸾别凤今何在，十二玉楼空又空。"那对乘鸾凤而去的璧人不知去了哪

不怕风狂雨骤，恰才称、煮酒残花

里，留下那座楼台千年以来寂寞无声。就如李清照画地为牢的小屋，她只是在那里空空地怀念着。

窗外，只有一帘暮雨。你在那边，我在这边；我望见了雨，也望见了你，望见了生生世世永不能穿越的哀愁。

没了你，手中这一枝清丽的花，又能递给谁呢？

梅花，总是寄予知己。陆凯在给范晔的诗中说："折梅逢驿使，寄与陇头人。江南无所有，聊赠一枝春。"远在天国的他，能收到这脉脉的清香吗？

寂寞凝愁，空闺余恨。她始终怀念着爱人，怀念以前那些琴瑟和鸣的日子，也怀念那一枝散着清香的早梅。这份怀念与忧伤，将要陪伴她的余生。

"今手泽如新，而墓木已拱"，这是她以后在《〈金石录〉后序》中写的。这看似平常的句子，内里如此悲凉，如此动人心魄。——偶尔翻阅夫君的遗墨，那些熟悉不过的字迹，历历如新，宛若刚刚下笔；蓦然惊觉，那个写字的人原来早已逝去多年了。不知她写下这沉甸甸的句子时，是否已泣不成声。

贺铸曾写下一首《鹧鸪天》，怀念故去的妻子：

重过阊门万事非，同来何事不同归？梧桐半死清霜后，头白鸳鸯失伴飞。

原上草，露初晞。旧栖新垅两依依。空床卧听南窗雨，谁复挑灯夜补衣？

他也是故地重游，却发现景致虽依旧，人事已全非。中年丧偶，本就是人生至哀之一。霜后梧桐，形如半死；鸳鸯头白，却只能孤身远行，那天涯哀声，谁又曾理会？旧居新垅，让他想起往日的深情。这与她的哀痛何其相似！

古乐府的《薤露歌》写道："薤上露，何易晞！露晞明朝更复落，人死一去何时归？"人生譬如朝露，或许就在某次不经意的转身之间，那个说好了执手偕老的人就去了，不知何时还能回来。

风，哀伤而温柔。留在指尖的触觉，好像是轻抚从前那本很喜欢的书，淡黄色的封皮，有微微的墨香。还想回到最初，找回那份温暖和感动。那时，时光宛若从未开始。但是此刻，一切只能归于静默，雨后的空气清凉如水。

年年雪里，常插梅花醉

——失去了你，这世界还有什么值得留恋?

清平乐

年年雪里，常插梅花醉。挼尽梅花无好意，赢得满衣清泪！
今年海角天涯，萧萧两鬓生华。看取晚来风势，故应难看梅花。

又是这雪后的黄昏，有酒，有梅花。

从第一次遇见，这绝美的花，似乎从来未曾改变。在冰雪的簇拥下，它自在而从容地绽放，将那淡淡的馨香，染透了清寒的冬岁。不论你悲伤也罢，欣喜也好，它总是静静地在那里，年复一年。

记得当年，她欣然走进那个雪落的季节，踏雪寻梅，折梅插鬓，再温一壶甘醇的酒。那是向梅而醉的时光啊！

那时候的他们，新婚宴尔，青春佳偶，仿佛连呼吸都是甜蜜的。她赏梅时脸庞微微泛红，是梅花映照，还是因为微醺的酒意?

那时她写过，"雪里已知春信至，寒梅点缀琼枝腻""共赏金尊沉绿蚁。莫辞醉，此花不与群花比"。其实，醉人的不是酒，亦不是

这凛冽寒风中怒放的梅，而是手边那一份安宁与幸福吧。

风高草长，岁月悠扬。

手中的梅花碎了，不知不觉间。往事如此美好，却总让人黯然神伤。回忆是时光中的一叶小舟，它总是静静泊在那里，从不会提醒你它的存在。只是在你不经意间回望的时候，才发觉泪水又一次盈满了眼眶。

现在，她只是在那里，看着天光渐渐暗淡。

再美好的时光，都是会过去的吧。

很多人对于李清照的印象，仿佛是个多愁善感的小女子。这是看错她了。她其实是极聪慧而果敢的女子，富有主见但也温婉多情。她的词自不必多说，她的诗也是大气恢宏。"至今思项羽，不肯过江东""所以嵇中散，至死薄殷周"，这样的句子，何曾输于须眉男儿。她写的《词论》，立场鲜明，言辞犀利，即便对当时词坛的前辈大家她亦敢直言不讳。她精于博戏，写的《打马图经》和《打马赋》为人赞叹，尤其《打马图经序》被称许为"精研工丽，世罕其俦"。这样的奇女子，数千年里又有几人？

然而，生为女子，终究使她备受争议。有人赞美她，有人嗤笑她，更有人对她视而不见，不过这一切都无损她的美丽，无损她那卓尔不群的才情与个性。

李清照本不是一个沉郁的人。国破之前，她活得鲜明而自在，活在她充满热情与欢欣的梦中，活在诗与酒的絮语中，活在爱人温暖的

不怕风狂雨骤、恰才称、煮酒残花

注视中，活在如溪边浣花般美好的词中。只是后来，这世界带给她太多忧愁，阴翳渐渐弥满她原本清澈的眼眸，再也挥之不去。

"冉冉中秋过，萧萧两鬓华"，这是苏轼的句子。

现在，她的鬓角早已没有娇艳的梅花，只剩一抹黯然成雪的沧桑。

建炎三年，金兵南下，就在这一年八月赵明诚不幸去世。赵明诚殁后，大病一场的她来不及抹去眼角的泪痕，便携着亡夫留下的金石文物追随宋廷，开始了颠沛流离的旅程。她随高宗赵构奔走于江浙，从越州、明州、定海等地一路辗转，来到杭州。那时她护着十多车的金石文物，其中的奔波劳苦可想而知。往日生活倏忽间已是支离破碎，她尚无暇顾及。也许直到终于停下，稍稍安顿下来的时候，悲伤才骤然如山崩海啸一般袭来。

起行处，总有希望的微光。流离中的她仿佛远远望见了幸福的彼岸，然而那却是她永远无法抵达的所在。冬日的漫天阴霾，如同此刻的哀愁与沉默，不知何时才会散去。

"看取晚来风势，故应难看梅花。"天色已晚，她犹自惶惑而悲伤。在杭州城昏黄的天色下，无依亦无助。曾经以为"甘心老是乡"的理由，早已如细碎的花屑，再无从拾起。一个小小的安顿之所，已是她此时最大的期盼了。

其实，失去了你，这世界还有什么值得留恋？

"十五年前花月底，相从曾赋赏花诗。今看花月浑相似，安得情怀似昔时？"这是她的诗，亦是在写她的内心。她总是不断地怀念往日，却不知前路还有更多的艰难。这满屋的金石文物，是他们毕生的心血，她始终不愿舍弃，即使在漫长的奔波旅途中。不仅因为这是她平生钟爱，更因为她深知，即便亡夫没有留下遗嘱，这些物事依然是两人始终割舍不下的珍宝；即便没有明言，她亦不忍抛却对他的那一份无声承诺。她没有料到的是，经历了如此多的艰难困苦，用尽心力守护，但最终，这些辛苦保存下来的旧物还是散作了云烟。那一份苦守，终究敌不过连天的烽烟战火，以及隐在暗处的贪婪与觊觎。

梅花零落，清泪满衣。望着在寒风中飞舞的花瓣，她仿佛望见了凋零的自己。人比黄花瘦，那是个思念的秋天；此刻，风忽然不起，万籁俱寂，杳无声息。在这小小的院落，只有那天边暮云，与鬓边霜雪，陪她守着这个孤独的冬日黄昏。

天接云涛连晓雾

——去吧，在梦里让自己飞行。

渔家傲·记梦

天接云涛连晓雾，星河欲转千帆舞。仿佛梦魂归帝所。闻天语，殷勤问我归何处。

我报路长嗟日暮，学诗谩有惊人句。九万里风鹏正举。风休住，蓬舟吹取三山去。

不能确定是否每个人都想离开现实的世界，去一个完全陌生的时空旅行。但纷扰的尘世确实总让人心生厌倦，谁都曾想过寻一片溪水潺潺的桃花林，在缤纷的落英中诗意地栖居吧。

世间无数只翩跹的蝴蝶之中，没有人知道哪一只是另一个世界里酣梦的庄周。梦对于我们来说，有时像一个逃避现实的借口。庄子说在梦中自己是一只悠然自在的蝴蝶，醒来发现自己只是僵卧在床的庄周。冥冥宇宙似乎给他出了一道斯芬克斯式的谜题——到底是蝴蝶梦见了庄周呢，还是庄周梦见了蝴蝶？庄子正是借这个寓言般的梦，表达了自己对无拘无束的自由生活的向往。

梦不只是虚无缥缈的幻境，也是对内心思慕最真实的反映。弗洛伊德说，梦是欲望在清醒时被压抑成为潜意识之后的一种委婉表达。梦让你见到想要见的人，去到想要去的地方，最重要的是，让你看清自己深藏在心底的渴求，看清最真实的自己。

几千年来，无论是庄周、屈原，还是李白、苏轼，在他们的诗文词作中，都深藏着一个渴望自由的灵魂。而这首词中的李清照，亦不例外。天尽头那浩瀚无边的海，原野上那穿行不息的风，在他们的诗中，其实也在我们的梦里。

李清照很少写大气磅礴的词，一如她很少写婉约的诗。不过这首记梦词的风格像极了她的诗，在她现存的词作中是绝无仅有的。李清照还有一首同为写梦的诗《晓梦》，她在诗中写道：

晓梦随疏钟，飘然蹑云霞。

因缘安期生，邂逅萼绿华。

秋风正无赖，吹尽玉井花。

共看藕如船，同食枣如瓜。

翩翩坐上客，意妙语亦佳。

嘲辞斗诡辩，活火分新茶。

虽非助帝功，其乐莫可涯。

不怕风狂雨骤，恰才称、煮酒残花

人生能如此，何必归故家。

起来敛衣坐，掩耳厌喧哗。

心知不可见，念念犹咨嗟。

　　清晨疏落的钟声，刚好敲破梦的外壳，露出了雾一般迷幻的颜色。忽然，一段绚丽而奇妙的旅程在云霞之间开启了。秋风拂过玉井中的莲花，云霞氤氲，隐约望见一位秀美妩媚的青衣仙子。天国的奇瓜异果纵然芬芳佳美，又如何比得上那机智诙谐、让人拍案叫绝的嘲讽诡辩引人向往呢？——骤然离开这尘世的纷扰，徜徉在梦的流云光影之中，是何等畅快与适意啊！

　　但现实总是梦境的反面。没有现实的冷酷寂寞，就不会渴望梦里的温馨奇妙。《渔家傲·记梦》表达的意蕴与诗略有相似，又不尽相同。诗中尚有未泯的童心，词中更多落寞的感慨。

　　将近黎明，天边隐隐有云涛翻涌。夜空里的星河依旧璀璨，在茫茫宇宙中，它是那样永恒而宁静，不过其间似乎总有极细微的闪动，仿佛千帆百舸在它深邃的怀中自在游弋。在这让人忘却了时间的刹那，梦轻轻摄走了一个飘离不定的灵魂，将其带到一个完全陌生的所在。

　　处于云端的天国，是天帝的居所。那里有缥缈的仙乐，亦有巍峨的宫殿。在那极远的昊天之上，隐约传来天帝关切的话语。

　　梦中的李清照真正关心的，不过是她自己的命运而已。上天赋

予她如许才华，就是给了她一条没有终点的路。在中国古代文学史上，虽然有不少女诗人，但毋庸置疑李清照是其中的翘楚。汉末的蔡文姬，唐代的薛涛、鱼玄机，宋时的朱淑真、魏夫人，虽然各有佳作，但都远未达到自成一派乃至影响文坛的高度。而李清照的"易安体"以及那篇充满灼见的《词论》却实实在在影响了后世词人，她亦是当之无愧的"婉约之宗"。可是在那个时代，男人可以因文采而步入仕途、经世济民，才女却难以找到一个"正途"。她写下"生当做人杰，死亦为鬼雄""所以嵇中散，至死薄殷周"这般恢宏大气的句子，也是在隐隐表达心中对于人生的另一番志向和期许吧。

"起来敛衣坐，掩耳厌喧哗。心知不可见，念念犹咨嗟。"诗中的怀念与向往化作词末尾那句"吹向三山去"。这其实是对"心知不可见"的无情现实的逃避吧。飞去吧，在这样的梦境之中。破茧成蝶，羽化归去，无论多么遥远，只要不醒来，就能达到生命的胜境。

我们总是很惆怅，因为错过某个人，因为失去某个机会，想转回身去，却只寻得一个梦的影子。那些在梦境里不经意逗漏出来的向往，落入风中，散成碎片。

去吧，在梦里让自己飞行。飞越虹桥，你会看见天的那一边，有你向往已久的风景。或许那才是我们心灵的永恒归所。

帘外五更风，吹梦无踪

> ——这一江春水，早已化作满怀清泪，映出那个柔婉哀伤的倒影。

浪淘沙

帘外五更风，吹梦无踪。画楼重上与谁同。记得玉钗斜拨火，宝篆成空。

回首紫金峰，雨润烟浓。一江春浪醉醒中。留得罗襟前日泪，弹与征鸿。

有人说这首词很像李煜的同调词作，或许是因为表现了同样的离殇。李煜在被俘后，写下无数伤心的词句，《浪淘沙》亦是其中之一：

帘外雨潺潺，春意阑珊，罗衾不耐五更寒。梦里不知身是客，一晌贪欢。

独自莫凭栏，无限江山，别时容易见时难。流水落花春去也，天上人间。

　　李煜和李清照并称词坛"双李"，甚至被人分别称为"词中之帝""词中之后"。沈谦在《填词杂说》中有："男中李后主，女中李易安，极是当行本色。"这样的赞誉，在古往今来的无数词人中，算得极高了。但我总在想，他们自己面对这样的赞美，也许会怀着复杂的感情吧。

　　他们常用白描的手法、质朴的句子，勾勒心中那份深挚的感伤；他们都是如此怀念旧时光，有着相似的哀愁与苦楚。他们写就的那些传世佳作，宛若血泪凝成的美玉。也许只有他们才能写出"问君能有几多愁，恰似一江春水向东流""寻寻觅觅，冷冷清清，凄凄惨惨戚戚"这般情致哀婉的句子。有时在想，如果他们没有这样的人生，或许写不出这样动人的词句。不过，如果许他们幸福平安的一生，代价是不能写出这些佳作，我想他们一定是愿意的。

　　可惜，命运早已注定，即便甘心替换亦属不能。我们如此珍爱他们的才华，又不能不为他们的遭际黯然心伤。这是天下所有爱词人之幸，却是他们的不幸。

　　建炎三年，金兵大举南侵。金帅兀术率兵攻城拔地，直逼建康。到了十月，战事吃紧，于是高宗赵构领着百官出建康避难。

　　在这样兵荒马乱的时候，李清照的金石文物成了不法之徒觊觎的对象。这些金石文物是她与丈夫数十年辛苦搜集而来的，其中有许多价值不菲的珍品古玩。有人假以"颁金"为名，向她购买。颁金，就是指皇帝赐金，以内廷的名义来收购文物。当时甚至有传言，说有人要秘密检举告发她。李清照大为惊惧，便携着文物和众多百姓一起一路追随高宗。在那个混乱时刻，也许只有这样才能有一点安全感吧。

她乘舟离开建康时，不知道是否有回来的机会。前路艰难，后有追兵，这一路的辛苦可想而知。丈夫赵明诚刚刚逝去未久，此时已是无依无靠的她，到哪里找寻一个安定的所在呢？

在将近黎明的夜色中，她又梦见在画楼之上与爱人携手同游。虽然看不清模样，但那熟悉的温暖总还记得，恍惚间又回到了当年。香炉中的熏香将要燃尽，她用玉钗拨火，满屋温馨安宁。不禁想起秦观的那句词"欲见回肠，断尽金炉小篆香"。

"记得玉钗斜拨火，宝篆成空"，这句也许是别有深意的。这谶语一般的片段，就像是冥冥中命运给她的暗示。

一阵夜风迎面扑来，唤醒了这场久远的梦。梦已成空，就如那还弥散着微香的宝篆。今夜伴着她的，只剩满天星光下黑沉沉的江面，和那袭上肌肤的微微的凉。

舟楫划开水面的倒影，发出轻微的声音。在这缓缓前行的舟船之中，有种似幻还真的感觉，一如酒后的微醺。而她，就在这船头，随着一叶小舟驶向那茫然的未来。

回望紫金山，那朦胧而巍峨的影子隐没在湿润的雨云之中。建康一别，更不知何日再回。独自留在那边的你，能否安好？今生已是永别，也许，这世上还有来生，不知再相见会在哪里。只是不知道那时的他，还能认得出自己吗？

静夜无声，唯有泪流。

"天寒尚怯春衫薄。春衫薄。不堪揾泪，为君弹却。"将眼角的这几行清泪，弹与天边远去的征鸿吧。也许，它们能将这哀伤带给她爱恋的那个人。苍穹不语，万籁无声。如果他在那里，就会知道。

"留得罗襟前日泪"，这一份哀痛，今生今世是抹不去了。在她心中，泪已成冰。

况周颐引《玉梅词隐》中对这首词的评价道："其清才也如彼，其深情也如此。"千古之下，又有几人体味过其中的深情？

永夜如歌。在匆匆逃亡的路途中，不知有谁曾在风中听到她的叹息。当两鬓都已斑白，眼眸里还仿佛留着他的影像。前路如迷雾般难测，她只有在哀伤中默然前行。欢笑倏忽而逝，夜色之中只有忧伤弥漫。

这一江春水，早已化作满怀清泪，映出那个柔婉哀伤的倒影。她仿佛望见，在水之湄，那巧笑倩兮的少女，轻轻地，轻轻地踏着遍洒的星光，径自跑开去。

不怕风狂雨骤，恰才称、煮酒残花

长记海棠开后，正伤春时节

——凡尘千山万水，她从不言弃，只是这一瞬的失落，
让泪水骤然滑落脸颊。

好事近

风定落花深，帘外拥红堆雪。长记海棠开后，正是伤春时节。
酒阑歌罢玉尊空，青釭暗明灭。魂梦不堪幽怨，更一声啼鴂。

暮春时那煦暖的风，似乎吹开了她久未开启的心扉。

风已住，帘外已早早堆砌了厚厚的愁绪。园中的小径上有轻花如
雪，而那些嫣红的零乱落花，宛若暮春的伤痕，点点散落满地。从前
绿肥红瘦时的小小伤感，现在反而成了一种闲暇时的抚慰，如同这脉
脉的清风，惹起心中那些尘封已久的回忆。

那时，也是春末。

叔本华说：生命是一种语言，它为我们传达了某种真理；如果以
另一种方式学习它，我们将不能生存。其实，在这缄默的人间，人们

来来往往，谁又曾想过生活的本意？当生活蒙上了哀愁的色彩时，我们或许早已看不清其中的真相。

就像这首词，等到那些姹紫嫣红都已不见，在褪色的时光中，只有悲伤真切地显现。

此时的生活于她，如同一帧繁花落尽时定格的画面。从前海棠花开的时候，雨后凋落的花瓣让人心中生出小小的怅惘；现在帘外风轻云淡，却蓦然发觉自己已成无助的花朵。花朵尚有人怜惜，今时今日有谁会为自己感伤呢？凡尘千山万水，她从不言弃，只是这一瞬的失落，击碎了长久以来心中那份隐忍与坚持，让泪水骤然滑落脸颊。

一切都去了，不会再回来了。

当我们望着一个人的眼睛，宛若望见了他或她的灵魂。凝望面前这明灭的青灯，就仿佛凝望一生的孤独。也许，在跳跃灯光里，也能依稀望见爱人那温暖的目光。

王国维的《人间词》中有这样的句子："对面似怜人瘦损，众中不惜搴帷问。"在昨夜的清梦里，你就在那边，想要开口问君可安好，却发不出任何声音。那个魂牵梦绕的影子，就这样无声地远去。"陌上轻雷听隐辚"，当所有的忧伤都已落幕，就只剩寂寂的古道，和弥漫的轻尘。

春梦散去，醒来只能轻轻拢起衣裳，掩饰那些深深的伤。拥着你，即使只是片刻的幸福。生命的漫长岁月，仿佛只是刹那幻梦。

　　有些酒，再苦也要喝下去，一醉解千愁。歌与酒，是温柔与热烈的同胞姊妹。听着远远的歌声入眠，在醉梦中掬一把伤心泪。

　　是梦是醒，是晨是夕，已无关紧要。这淡漠的春光，再也点不亮曾经明媚的眼眸。从今往后，在这幽独的小楼，只有青衣素淡，鬟发如银。且忘了，且醉了，只不过是一番春末，只不过是落去的海棠。花谢花飞花满天，红消香断有谁怜？无法轻描淡写的痛与哀，浸透笔尖，在她的诗笺上化成漫天的花雨。

　　她并不会自轻自怜。她在这清词丽句中还能找到情感的依归。——还记得最初望见门前青涩而羞赧的他，还记得相约去逛春日里绚烂的花市，携手在大相国寺进香淘宝，还记得从前赌书泼茶、踏雪赏梅的所有细节……那是多么轻盈的时光！

　　一声鸩啼，几许凄怨，忽然就打断了这无边的遐思。小小的鹧鸪，惊破了一梦半生的黄粱。人生的至喜与至哀，宛如梦与醒的两面，被无情地剖开；仿若从幸福的顶端一跃而下，骤然堕入了万劫不复的深渊。犹如朝花化作香尘，犹如泪水流出眼眶。那最美的时光，毕竟过去了。

　　"打起黄莺儿，莫教枝上啼。啼时惊妾梦，不得到辽西。"

　　这是唐代金昌绪的《春怨》诗。同样是惊破春梦，那个打黄莺儿的女子是幸运的。她只不过有些小小的恼怒而已，至少她知道，梦中的期待就在远方的某处，她还可以等，她的手中还握有明天的阳光。而对李清照来说，命运似乎已碾碎了她最后的希冀。

苏轼在怀念亡妻的词中写道："十年生死两茫茫，不思量，自难忘。千里孤坟，无处话凄凉。纵使相逢应不识，尘满面，鬓如霜。夜来幽梦忽还乡，小轩窗，正梳妆。相顾无言，惟有泪千行。料得年年肠断处，明月夜，短松冈。"生死永隔，总是人间的至哀。梦中所见，似幻还真，一别十年，君可安好？

那些淡淡的梦影，总停留在未亡人哀痛的眼中。当真再望见你时，已是在时光的尽头。如果有重逢的时刻，再望见那个熟悉的身影，惟愿再去牵那温暖的手。

蓦然，在风过后的片刻，一切归于寂静，晨梦如花而陨。

故乡何处是？忘了除非醉

> ——仿佛回到多年前的那个清晨，望见青色的瓦，淡淡的光。

菩萨蛮

风柔日薄春犹早，夹衫乍著心情好。睡起觉微寒，梅花鬓上残。
故乡何处是？忘了除非醉。沉水卧时烧，香消酒未消。

风再起的时候，几乎让人忘却了忧伤。

又是初春，又到了这闲适而温暖的季节。

阳光宛如少女刚睡醒的眼神，有着淡淡的迷离。映入眼帘的草色是极浅的青，宛若拂过大地的曼妙歌声。喧鸟覆春洲，杂英满芳甸。岸边的柳枝还是初黄未绿，那些不知名的小花却早已迫不及待地冒出头来，呼吸这仍有寒意的空气。终于脱下厚厚的夹袄，换上轻便的夹衫，在窗前沐着如手指般温柔的风，这时谁都能找回难得的好心情吧。

这或许是一年中最好的时节。

那些去年的花，却是该落了。

"晓霜应傍鬓，夜雨莫催花。"这个清晨，似乎有花瓣落在脚边，缓慢，温柔，随着风的脚步在小石子路上摩挲。鬓上那枝曾经绚烂绽放的梅花早已凋落，只留下风里淡淡的香。一切了无痕迹，只在昨夜的醉梦中隐约望见满树的梅花，清芬暗送，兀自美好。一旦醒了，月下的淡色花影就化成了薄薄的晨曦，在这个清晨，杳然散去。

举目望去，一切似乎还沉睡在清冽的空气中。轻寒袭来，宿醉未消。

李清照是极爱梅花的，年轻时爱它的清雅，老了爱它的坚忍。

当她还是个待字闺中的少女时，冬季的汴京处处都是繁花满院，清香宜人。她一定还记得当时家中院落里的梅花，"香脸半开娇旖旎""玉人浴出新妆洗"。娇容清丽，至今仍历历如新。那时的她，心中正有"此花不与群花比"的骄傲吧。

与赵明诚新婚宴尔之时，是终生难忘的甜美日子。"红酥肯放琼苞碎，探著南枝开遍未？"红梅佳美如斯，是因为映衬着当时的温馨与甜蜜吗？

甫至江南，新开的梅花"玉瘦香浓，檀深雪散"，让她不胜怜惜，也许是在轻轻唱叹多变的时局与命运。枕边那一缕"熏破春睡，梦远不成归"的梅香，又曾带给她几许安慰，抑或是几多哀愁。

而失去爱侣之后，曾经"伴我情怀如水"的那枝寒梅，如今却是"天上人间，没个人堪寄"。世间总有太多这样的沉痛，曾经"年年雪里，常插梅花醉"，最后却落得个霜华染鬓，清泪满衣。

一缕梅香，伴随她或喜或悲的整个人生，这几曲梅花词，又何尝不是她坎坷的心路？如今鬓间那朵凋落的梅花，难道是命运的又一个隐喻吗？

她轻抚这如花般凋零的时光，或许会触到那些隐秘的伤痕吧。

为什么总要想起从前呢？醉了，也就忘了。

忘了故园何处，忘了身在何方，忘了这世间的所有悲喜吧。只是不知哪里还有从前那样温暖人心的烛光窗影啊。烛焰明暗跳跃，满屋的恬静与安宁。那时候的一本书，一杯茶，一个微笑，都是如此让人怀念。还是回去故园吧，那些亲切的笑容，那些熟悉的味道，让她仿佛回到多年前的那个清晨，望见青色的瓦，淡淡的光。

可惜，这只不过是昨夜的梦罢了。也许只有沉醉时，心中才有片刻的安宁。只怪清晨那一霎时的风让人清醒，清楚地感觉到疼痛。

梦永远是个孤独的孩子，酒是他唯一的玩伴。但人生又有几回醉梦中的欢愉呢？当生命里的风雨骤然来袭，谁能假装一切从未发生？春光满眼，几乎让人心旷神怡，可是等到风景都看透，又如何掩饰得了这个世界背后的哀伤与落寞？也许，有时看不到世界原本的样子，才是一件美好的事吧。

沉水，是一种香。

李贺曾写道："袅袅沉水烟，乌啼夜阑景。曲沼芙蓉波，腰围白玉冷。"脉脉香气隔不断，亦挥不去，一如心里的那些想念。平素的依恋或偎依，早成习惯，却在这个刚从醉梦中醒来的春晨，蓦地倚了个空。醉意未消，醒后的心痛却是如此真切。

炉中的熏香早已消尽，似乎还氤氲着淡淡的味道。如同在静谧的梦境中，依稀能嗅出往日的馨宁。夜，已经过去了。曙色只是微明，照见这个真实而清冷的世界。

生活总是它原本的样子，该如何还是如何。就像那些在心里刻下印记的小说和电影，不管中间有多少美丽插曲和轻松笑料，不管中间多少次让人解颐莞尔，最终结局，仍然免不了一出让人心悸的悲剧。

隐藏在这些轻盈句子背后的悲伤，就像一个淡忘的微笑，一只偶尔停落的蝴蝶，抑或一首未完的诗，一曲隐约的笛，像世上的很多很多事情，明明总在那里，就是不愿意去想起。

从窗口进来的微光，照见那些无人过问的往事，在记忆里渐渐积满灰尘。就在这样的春晨，她默默地坐在窗前，望见风，望见云，望见春树，望见往日。

风住尘香花已尽

——那个柔婉美丽的女子，从春日的繁花中走来，又在初夏的风中离去。

武陵春

风住尘香花已尽，日晚倦梳头。物是人非事事休，欲语泪先流。

闻说双溪春尚好，也拟泛轻舟。只恐双溪舴艋舟，载不动、许多愁。

"风住尘香花已尽，日晚倦梳头。"

蓦然读到这样忧伤的文字，会是什么样的感受？

风甫住，花落尽，却依稀有尘土中蕴藉的芬芳传来，轻轻掠过鼻尖，如同记忆里的氤氲往事。那纷繁馥郁的花，那和煦温暖的风，那缱绻绮丽的景致，都与尘烟般的过往一起，悄然逝去，无迹可寻。

转眼天色将暮。梳子从发间缓缓穿过，一如往昔。

往昔有多少值得珍藏和回味的日子啊！静听花开花落，坐看云卷云舒。那个时节，安宁美好，花香满怀。

一切已经过去了太久太久。

这个暮春时节的她，韶华已逝，孑然一身。

江南三月，正是草长莺飞的好时节。然而，此时的南宋王朝并不太平。

这一年是绍兴五年（1135年）。就在数月前，金人渡过淮河，大举南侵。由于宰相赵鼎的坚持，高宗赵构只得御驾亲征，率军迎击。一时间兵燹再起，生灵涂炭。当时江浙一带的百姓"旁午络绎，莫不失所"。时局险恶，李清照只得避乱于金华。

天边的流云缓缓而逝，它漠然旁观这人世间的悲怆，日复一日，年复一年。在无尽的流宕与辗转中，不觉又到了落花时节。这时，战争接近尾声，但是生活依然难以安定。

命运是一本难以捉摸的书，前一页还是天堂，翻过一页就是地狱。以前的从容美好，仿佛只是为了反衬今日的悲哀苍凉。

泰戈尔曾写道："你用你的眼泪包绕着世界的心，正如海洋包绕着大地。"此时的李清照，家国残破，丈夫去世，膝下无子，半生辛苦收集得来的金石文物几乎散失殆尽。旧都汴京的繁华阜盛，青州闲居的快慰欢欣，都如这春光一去不返。每次思量及此，双睫盈盈，任眼泪流下面颊。

应该去哪里，又有哪里可以去呢？

城南的双溪？听说那里春去得迟，现在依然残留春意。泛舟河上，也许会让自己有一点小小的快慰吧？在那里，能否抛却世间所有的烦忧？

苏轼有词云：小舟从此逝，江海寄余生。

只可惜，一颗善感的女儿心无法如此洒脱。

无情的命运总在瞬间改变它的面目，让人来不及酝酿悲喜情绪。赵明诚去世之后，李清照大病了一场。生活好像熄掉了最后一根蜡烛，留下她一人独自面对冷寂而漫长的黑夜。

从前泛舟春溪的笑语犹在耳畔。只是如今双溪的舴艋舟，已不是溪亭日暮时那只穿梭于藕花深处的轻快小船。这伤春伤情的日子，这花雨一般漫天飘落的哀怨愁思，区区一只小舟如何能负载得起？

浮生只如白驹过隙，欢笑转瞬湮灭成尘。身畔的一切仿佛随春光悄悄逝去，只留下无可逃避的孤独。

我想起了拉金的那首 *Why Did I Dream of You Last Night*（《为何昨夜我梦见了你》）：

Why did I dream of you last night?

Now morning is pushing back hair with grey light.

Memories strike home, like slaps in the face;

Raised on elbow, I stare at the pale fog
beyond the window.

So many things I had thought forgotten
Return to my mind with stranger pain:
Like letters that arrive addressed to someone
Who left the house so many years ago.

为何昨夜我梦见了你？
现在黎明已至，用它灰白色的光梳理我的头发
回忆撞击心门，似乎也在拍打着我的面颊
我用手臂撑起身子，凝望苍白的雾霭
透过 那一边的窗台

那些我原本以为早已忘却的事
此刻却带着莫名的痛楚重回心中
——就像那些寄给故人的信笺
在它们送达之时 早已是人去楼空

　　雾色总是晦暗而阴冷，一如这黯淡的心境。那些尘封的信笺，是痛楚的释放，抑或是哀愁的寄托？世道艰难，本已让人心生倦意；一俟爱人逝去，更觉万事成空。

如诗中所写，昨夜的梦还能给人些许慰藉吧。只是梦醒之后，哀愁又开始如影随形。

《世说新语》里记载了谢安对王羲之说的一句话："中年伤于哀乐。"人到中年，正是骨肉至亲撒手而去、尝尽人生百般况味的时候。祖国山河破碎，亲人生死永诀，原本就是生命中难以承受之痛。对李清照来说，那个最能安慰自己、最可倚赖的人已经去了另一个世界。静坐临风，心中唯有黯然。

思君令人老，岁月忽已晚。清凉的晚风吹散了回忆的零碎片段，只留下词里的无声诉说，似眉间藏不住的哀愁，如此悠长。

时间如指间沙，握也握不住，只能任它缓缓滑落。当我们垂垂老去的时候，终会明白。

在诗词里，那个柔婉美丽的女子，在春日的繁花中走来，又在初夏的风中离去。

寂寞尊前席上，惟愁海角天涯

——岁月只如轻花，一瓣一瓣，从手心慢慢滑落。

转调满庭芳

芳草池塘，绿阴庭院，晚晴寒透窗纱。玉钩金锁，管是客来吵。寂寞尊前席上，惟愁海角天涯。能留否？酴醾落尽，犹赖有梨花。

当年、曾胜赏，生香熏袖，活火分茶。极目犹龙骄马，流水轻车。不怕风狂雨骤，恰才称、煮酒残花。如今也，不成怀抱，得似旧时那？

还记得那个秋天的下午，望着窗外风中的叶子飞起，在干净而湛蓝的天空留下一个个关于漂泊的小小注脚。它们带着某种说不出的忧伤，漫无目的飞着，缓缓地、缓缓地落下，最后堆积成默然的风景。走在满是落叶的小路上，你会真切地听到极细微的声音，仿佛是心儿破碎的轻响。

人生有时也如同秋叶一般，被命运之风牵引，海角天涯，不由自主。漂泊是如此漫长，不知何时就已开始，似乎永远也不会结束。大街上人们来来往往，行色匆匆，谁不是奔波劳苦满心疲惫，谁又不是在寻一份温暖与安宁？我们长久向往的，不就是如此简单的幸福吗？但上天是如此吝啬，它手中那宝贵的赐予从不肯轻易予人，甚至远远地望上一眼，都是一种奢望。

对于李清照，此生的漂泊，早已注定。

芳草，绿荫，晚晴。初夏时节，有清凉的风。

三秋桂子，十里荷花，江南果真是秀色无边的人间胜境。然而并非所有人都沉醉于此。故土遥望，心中忧伤。很多地方初看都有几分熟悉可亲，等到真正停下脚步才发现，总有一个地方，是心中无法取代的唯一。止不住的思念与怀想，就像拂晓那轮弯弯的浅月，每次望去，它总是在那里，如同晨空中一枚永恒的铃印。

刚刚从金华辗转到杭州的李清照，尝尽了奔波与流宕的滋味。世事如棋，尤其在战乱岁月，没有人知道明天会怎样，每个人的眼神里，都充满惶恐与无助。可在这个夏日，久违的朋友来了，彼此说一说战乱中的悲喜经历，会不会是个小小的安慰？

《红楼梦》中林黛玉喜散不喜聚，自然是有她的道理的。越是美好的筵席，散去时就越让人心中难过。就像一部极好的小说，读完合上书，总让人感到无比怅惘，你知道，以后再也找不回初读的那种欣喜与快意了。所以，为什么不干脆没有聚会呢，岂不是可以省却许多烦恼？

　　她举杯笑饮，却如何能轻轻掩过眼中的寂寞？天涯，以前觉得遥不可及，现在，何处不是天涯呢？偌大个世界，早已找不到依归之地。那些无人过问的寂寞，那些无法度量的痛楚，在微凉的晚风中弥散开来。

　　苏轼写道："酴醿不争春，寂寞开最晚。"酴醿谢尽，万芳凋零。在这个阴晴不定的时节，梨花却意外地怒放。

　　其实梨花并不是夏天开花的，只有在夏日天气异常清凉时，那些春天残留的花蕾会忽然怒放，宛如六月的雪。

　　这不常见的奇景给了她几多安慰。不过花总是会谢的，留不住。酴醿已经谢了，梨花亦当如是。

　　回忆是个温暖的肩膀，在孤单的时候可以倚靠。多少次穿越流光，回想从前，不过是为了给孤寂惶然的心一个小小的避风港。曾经繁花似锦，清风如缕，原来只是红尘梦影。可如何能让人忘记呢？那个时候，她温婉娴静，浅笑嫣然。还记得烹茶时那熟悉的咝咝声，揭开杯盖，满屋茶香。

　　其实她所怀念的，并不是那种悠闲与适意。

　　我们都有过这样的感觉：当窗外风雨大作、电闪雷鸣的时候，端坐家中的你却觉得分外安心。因为你知道没有什么会伤害到自己，其实守护这份安宁的，不是房屋的坚固，而是家的温暖。这是一个让你忘记所有不快的地方，一个让心灵得到休憩的所在。只要有爱人温柔的目光，就算世界其他所有都不复存在，又算得了什么？

这才是她真正的想念吧。

"多少恨，昨夜梦魂中。还似旧时游上苑，车如流水马如龙。花月正春风。"

这是李煜的词。车水马龙，花月春风，在李后主的词中，也在李清照的梦里。

那时的汴京，御街两旁商铺鳞次栉比，街上游人接踵摩肩。偶尔可以看到皇家出游，在两旁耸立着朱红木杈的御道之中，白马金鞯，龙旗飘扬。临街远眺，隐约可以望见金明池的波光和琼林苑的翠色。当时的她，真的有"终日居此，不觉抵暮"的感受吧。

岁月只如轻花，一瓣一瓣，从手心慢慢滑落。少女浮上嘴边的微笑，宛如那时晴空的新月，似乎依稀仍可望见；只是那样淡薄的光，能否温暖一颗孤寂已久的心？

不论如何，路还要走下去，疲惫也好，哀伤也好，哪怕心如止水，也要前行。这个世界有多少旅者的足迹，就有多少漂泊的酸楚。生活中有谁能安然却步，裹足不前？往前走吧，即使她心中的那片秋林，变得静默无声，只是偶尔有风吹过。

落日熔金，暮云合璧

——"当你知道一切都无法逃避时，你会学着用笑来哭泣。"（《深海长眠》）

永遇乐·元宵

落日熔金，暮云合璧，人在何处？染柳烟浓，吹梅笛怨，春意知几许？元宵佳节，融和天气，次第岂无风雨？来相召、香车宝马，谢他酒朋诗侣。

中州盛日，闺门多暇，记得偏重三五。铺翠冠儿，捻金雪柳，簇带争济楚。如今憔悴，风鬟霜鬓，怕见夜间出去。不如向、帘儿底下，听人笑语。

在失去伴侣之后，有谁会一直怀抱从前的回忆，独守渐已凝固的时光？

远方的落日，从青色暮云的罅隙中射出夺目的金光来，仿佛要熔掉黑而阴沉的天际线。天地霎时间呈现出一种难以言说的肃穆与旷远，让人恍如身处梦中幻境。

此刻沐在这温暖余晖中的她，会否在微微惝恍之中，重又望见当年青州那条洒满阳光的乡间小路呢？或者想起茶香恬淡，烛光摇曳，在爱人关爱的眼神中，整个世界仿佛只剩下小小的一隅。一切已经太久没有想起，但这些被轻轻折起的岁月，依然小心地存放在隐秘的记忆深处，无人惊扰。

眼前仿佛重现旧日时光，那些身影亲近而熟悉，可惜转眼没入曛黄的余晖之中，杳然远去。

是哪里传来的笛声？若有若无的轻声呜咽，伴着不远处一缕梅香。让人从遐思中蓦然惊醒，又勾起心中的莫名伤感。黄鹤楼中吹玉笛，江城五月落梅花。越过千年的时光，那一曲《梅花落》依旧这样幽怨而迷离，提醒着人们那些逝去的美好——好似昨日才遇见的芳华，今天再也难觅踪迹。此刻，仿佛所有的失落与怅惘，只源于怀念从前自家庭院里微风中的小小秋千，以及那些斑斓的花儿。

池塘生春草，空梁落燕泥。

在这个时节，明媚的光彩溢出春天的眼眸。杨柳悄然抹上了如烟的新绿，不知名的花儿开始绽放它们小小的笑脸。一年之中，还有什么时候如初春这样，让人心中的喜悦油然而生呢？

临安，是个天堂般的地方。大宋王朝的这座新都城，就如繁华街巷里说着吴侬软语的江南女子，娇俏而秀美。在这样温暖的空气中，断桥上的残雪融化了，褪去素装的西子湖恰如芳华绝代的女子，开始

展现她天然的从容和优雅。水光潋滟晴方好，山色空蒙雨亦奇。人间至美，不过如此。

正是上元节。十天前，也就是绍兴九年（1139年）的正月初五，宋金两国达成和议，高宗赵构大赦天下。惶惶不宁的人心终于逐渐安定下来，城中开始重现昔日繁华。苏堤轻舟红纸伞，秋千小院绿杨荫，古老的杭州城渐渐显出它独有的优雅与风致。

今天的阳光，一如旧时的和暖明媚。只是不知道，接下来的日子又会如何。

"无论如何，明天，明天又是新的一天了。"——斯嘉丽在《飘》末尾说的这句话，实在让人印象深刻。只是，在经历了太多苦痛和哀伤之后，这话并不是人人都能说出口的。

天有不测风云，人有旦夕祸福。人生的苦雨，总在猝不及防的时候降临，浇灭所有的幸福希冀。李清照中年国破家亡，晚年孤苦伶仃，命运若此，怎不会对未知的明天充满犹疑？

亲朋好友相召共度佳节，纵使是香车宝马，即便有美酒佳酿，还是微笑着推辞吧。热闹毕竟是别人的，挥之不去的那份孤独只能自己面对。

汴京繁华，只如清梦。一梦醒来，发觉自己已在世界的别处。

又到正月十五，今夜又是一年一度的元夕出游。这时的杭州城，秋千上早不见了那些少女。豆蔻年华，娇颜如花，她们该是在闺房中悉心打扮了。这是属于她们的夜晚，是她们一年中最美的时光。

她记忆中的元宵夜，同样有漫天的烟火，有笑意盈盈的眼眸。头上的翠羽金花，摇曳出汴京少女别样的风情。"蛾儿雪柳黄金缕，笑语盈盈暗香去。"那时节，多么欢愉自在啊。

从前的畅怀与欢悦，都消逝了。这个元宵夜，同样的灯光璀璨笑语喧哗，只不过主角早已不是自己。

时光流转不息，历史终究变为泛黄的书页。也许只有灵魂深处的孤独，从来不曾远离我们的心灵。华灯初上，有时也会让人感觉到刻骨的孤独。曾经再熟悉不过的城市，已是如此遥远和陌生。此刻，蓦然觉得那绚烂无比的灯火，不过是掩饰空虚的幌子。在心灵漂泊无依的时候，再繁华美好的所在，也只是异乡。

夜色依旧。只是那隐在暗影之中的忧伤，灼痛了默然不语的眼眸。

我们行走在这世界的每一个午后和黄昏，有着各自不同的悲喜。电影《深海长眠》中的主人公曾说："当你知道一切都无法逃避时，你会学着用笑来哭泣。"这看似达观的话语，其实沁透了悲凉与无奈！李清照此时年过半百，孤身一人，寄居异乡，手中所握只是一捧清夜的凉，她的心境何尝不是如此呢？

月华如水，照我白发。她只是独自伫立在那里，一任悲喜随风。

希望宛如黑暗中的一抹微光，刚刚照亮人的眼眸，又在瞬时

消逝。

　　毕竟她还有卓绝的才华，那些绝美的辞章多少能给她带来慰藉。在生命的最后几年，她也曾想将自己毕生才学传授给一个天资聪慧的女孩。但那个女孩只轻轻说了句"才藻非女子事也"，就固辞而不从了。那些眉间心上的美丽与哀愁，遂成绝响。

　　那个没有留下名字的少女并不知道自己错失了什么，而李清照当时的心境亦无从想见了。我们现在所能看到的，只是书页上冰冷的铅字，其间的遗憾与落寞，永远不会为人知晓了。

　　这夜，她的心始终沉静如水。灯光下的笑语，依旧不时传来。回忆正在慢慢老去，她望向那素淡的诗笺。只有那些蘸着哀愁写下的句子，依然陪伴着她。

梦断漏悄，愁浓酒恼

> ——在某个安静的黎明，在梦醒时分，我们或许会听见
> 自己心底喃喃的低语：天亮了，请说晚安。

怨王孙

梦断漏悄，愁浓酒恼。宝枕生寒，翠屏向晓。门外谁扫残
红，夜来风。

玉箫声断人何处。春又去，忍把归期负。此情此恨此际，拟
托行云，问东君。

是谁总在梦中惊醒，等一个好像不会到来的黎明？

远处那一声声的更漏，缓慢而清晰地敲打着这个不眠的夜晚。
梦中，宛如初见时的美好；醒来后，一切又都消失在阴冷的黑暗之中
了。宿醉未消，愁绪却如藤蔓一般顽强地生长缠绕，直让那颗久病沉
疴的心难以呼吸。

天色渐亮。枕上寒意渐浓，翠色的屏风映着清晨淡漠的微光。窗
外满地凋落的花瓣，随风盘旋起舞。它们是如此轻盈而优美，却惹出

她无法言说的伤感。

时光荏苒，动荡的年月或许已经过去，心中的伤痛却无法抚平。孀居多年，她一个人经历了太多太多的事。这样的夜晚，还有谁会静静倾听她的絮语？人生无常，就像今晨梦醒，手中还留有昨夜的花香，却再看不到枝头的花朵。想再寻一个安稳的归宿，却是如此艰难多舛，寻来寻去，到头来只得一道深可见骨的伤痕。

周遭静寂无声，只有天边即将逝去的微茫星光。这静，是淡漠的希冀，还是一种潜藏的隐忧？等到风也沉默，等到那些花儿都落了，等来了安静的黎明，夜的黑会慢慢消融殆尽吗？或许，这种宁静就是自己今生仅有的依归。

还记得那首诗吧，聂鲁达的《我喜欢你是寂静的》：

我喜欢你是寂静的，仿佛你消失了一样。
你从远处聆听我，我的声音却无法触及你。
好像你的双眼已经飞离远去，
如同一个吻，封缄了你的嘴。

如同所有的事物充满了我的灵魂，
你从所有的事物中浮现，充满了我的灵魂。
你像我灵魂，一只梦的蝴蝶，
你如同忧郁这个字。

我喜欢你是寂静的，好像你已远去。
你听起来像在悲叹，一只如鸽悲鸣的蝴蝶。
你从远处听见我，我的声音无法企及你。
让我在你的沉默中安静无声。

并且让我借你的沉默与你说话，
你的沉默明亮如灯，简单如指环。
你就像黑夜，拥有寂静与群星。
你的沉默就是星星的沉默，遥远而明亮。

我喜欢你是寂静的，仿佛你消失了一样，
遥远且哀伤，仿佛你已经死了。
彼时，一个字，一个微笑，已经足够。
而我会觉得幸福，因那不是真的而觉得幸福。

（李宗荣 译）

爱人逝去，整个世界刹那间便模糊不清，一片寂静中，幸福成了
一种遥远的声音，宛如断了线的纸鸢被风吹得呼啦啦轻响。

时光流逝，总会慢慢习惯一个人的黑，一个人的安静。那些缱绻
的日子，那些温暖的眼神，会在安静中缓缓融化。有时，静，也是一
种力量。

　　这个世界上，对于感情，有人在乎，有人不在乎。现在我们还会渴望，会爱，清晨睁开眼睛，就能望见天边的蓝。会不会有一天，我们的心灵会不再柔软，我们的眼眶会逐渐干涸？真的不希望有一天，世界只幻化成一座冰冷的石壁，我们在它面前沉默不语。

　　李清照年已半百，两鬓染霜，想寻一个宽厚的肩膀却如此艰难。她遇人不淑，而同情与怜惜却远远藏了起来，只有无情的冷笑与白眼如飞蝗如利箭迎面而来。年少时的锐气，也许早已被冷酷的现实磨得粉碎，但她依旧坚强，不肯低头——她永远只是她自己，不会轻易改变。

　　只是，如果他还在，又何至于此？

　　可惜世间没有如果。

　　凤凰台上的那段天籁般美丽的爱情，仿佛是虚幻的影子，当玉箫声断，他们相携飞去天国，只留下空寂的高台，将生生世世不息的憧憬留在传说里。

　　春天已经去了。归期不可期，只留下满地的落寞，还有那风，那云，那相伴余生的温暖回忆。

　　曙光如此美好，不知她的人生，何处才有希望的微光？还能否感受到晨曦的温暖？

　　问东君？东君又在哪里？即便洒下这满目春光，那个貌似主宰一切的东君始终是个虚幻的影子。她的疑问，失落在这清凉的夜风之中。

　　有首歌叫作《天亮说晚安》，我忘了旋律和歌词，却牢牢记住了这个名字。想来她此时心境，与这歌的名字，如此契合。

　　这样的悲喜时刻，很多人都曾有过吧。在某个安静的黎明，在梦醒时分，我们会听见自己心底喃喃的低语：天亮了，请说晚安。

熏透愁人千里梦，却无情

——在一个不眠的夜晚，仰望星光，弃绝尘世。

摊破浣溪沙

揉破黄金万点轻，剪成碧玉叶层层。风度精神如彦辅，太鲜明。

梅蕊重重何俗甚，丁香千结苦粗生。熏透愁人千里梦，却无情。

天幕四垂，窗外的桂树在静谧夜空下现出青黑色的剪影。在这异乡，在这让人心碎的夜半，桂花却在悄然绽放。星星点点的桂花，如同月亮的碎片，缀成满树满树的金黄。

这么熟悉的香，是和当年汴京的桂花一样吗？那时的她，只是个十多岁的天真少女，在帝都的家中安享父母的宠爱。如今物是人非，她早已是孤身一人——转眼间，三十多年过去了。这些不谙世事的花儿，何曾懂得夜色的深沉？

回望前尘，只似浮生一瞬。她有过人生最美好的光阴，亦经历过最艰难的时刻。现在这阶前月下，只有浓浓淡淡的花香，夜风轻送。

那像被揉碎了的点点金黄，是这样无与伦比的幽雅清丽，直让人想起《世说新语》中那些风度翩然的名流。可在沉沉夜色中，又是如此绚丽得扎眼，没来由地令人心生厌弃之感。在这思绪如潮的梦醒时分，也许有一瞬间感到尘世的一切，无可留恋。

关于梅花和丁香，《南唐二主词》中有两个极好的句子：一句是"砌下落梅如雪乱，拂了一身还满"，另一句是"青鸟不传云外信，丁香空结雨中愁"。在词中，梅花总与雪相伴，丁香总和雨相依。它们柔弱而美丽，让人不胜怜爱，亦让人寄托了几多或悲或喜的情绪。李清照是极爱梅花的，她留下的咏物词作中，咏梅最多。但这时，她的心为这盛放的灿烂的月下桂花所占据，连钟爱的梅花都显得落了俗套，而结子丁香则显得粗陋。或许只有杜少陵的那一句"感时花溅泪，恨别鸟惊心"，才能道出她现在的感受吧。只是，如果连梅花也厌了，这世上还有什么值得为之流连的呢？

我们或许曾有过这样的时刻。在心中郁郁之时，整个世界仿佛都是敌人，忽然感觉很多原本喜欢的东西不再可爱。李清照本不是一个厌世之人，只不过她经历的一切，实在太苦太苦。辗转流离，承受着丧夫之痛，还要勉力保护着辛苦积攒的金石文物；寄人篱下，遭受颇多轻蔑不解的眼光。际遇若此，半夜醒来，哪会有什么好的情绪。窗外只见月下淡淡的云，耳畔掠过轻轻的风。

这时，她与月亮一样寂寞。现在她所怨怪的，竟是那幽幽的桂

香。桂香带走了她的梦，这一场秋夜的好梦，就在氤氲的香中从枕边倏然溜走。

汴京如此遥远，年少时光如此遥远，唯一近些的，只有这熏破旧梦的幽香。近在咫尺，却也是无法淹留的。不过李清照终究学不会怨天尤人，她叹息，她悲痛，却从不会屈从。她的个性总是鲜明如一轮新月。在她的诗词文章中，你可以瞥见她的苦痛，她的柔婉，何曾看出"怨"字？

只是这惹人欢喜惹人忧的桂香啊，又何苦扰她清梦？

彦辅就是人称"中朝名士"的乐广。《晋书》中写他"神姿郎彻"，还有人评价他"此人之水镜，见之莹然，若披云雾而睹青天也"，由此可想见其风度神采。如此人物，也许会被当作"太鲜明"的范例吧，但其实乐广"性冲约，有远识，寡嗜欲，与物无竞"，生性如此恬淡，应该不是"鲜明"之所指。

《世说新语·品藻》中写道："刘令言始入洛，见诸名士而叹曰：'王夷甫太鲜明，乐彦辅我所敬……'"夷甫误作彦辅，或是李清照一个小小的误记了。

王夷甫就是西晋那个自命清高、口不言"阿堵物"的王衍。王衍其实也是"神情明秀""风姿详雅"的人物，只是他身居高位却清谈误国，西晋灭亡之时还推诿责任，只求自保，不像乐广在"世道多虞，朝章紊乱"之际，尚能"清己中立，任诚保素"。视家国如无物、只知明哲保身的王衍，对于写过"至今思项羽，不肯过江东""所以嵇中散，至死薄殷周"这样磊落句子的李清照来说，自然是厌弃不喜。

曾被她誉为"花中第一流"的桂花，如今却成了眼中太过鲜明耀眼的事物。心情之恶，可想而知。不仅如此，连她平生最爱的梅花也被无辜牵连，曾经何其清丽端雅的梅花，被她说成"梅蕊重重何俗甚"；还有丁香，本是相思之物，但昔人已去，一腔相思又能寄托何处？因此她偏要说"丁香千结苦粗生"。

缪钺先生评价道："易安之词，情实激越，而妙在不著一字，含蓄委婉，全用铺叙……"但这首词，却直言"太鲜明""何俗甚"，没有半个字来掩饰她心中的不快与哀苦。

这首词确切的写作时间已无法知晓，或许那是她心绪最为低沉的时候吧。我们仿佛看见那个曾经清丽端雅的女子，在一个不眠的夜晚，仰望星光，弃绝尘世。

寻寻觅觅，冷冷清清

　　——人生只不过是一场绚烂的花事。

声声慢

　　寻寻觅觅，冷冷清清，凄凄惨惨戚戚。乍暖还寒时候，最难将息。三杯两盏淡酒，怎敌他、晚来风急。雁过也，正伤心，却是旧时相识。

　　满地黄花堆积。憔悴损，如今有谁堪摘？守著窗儿，独自怎生得黑？梧桐更兼细雨，到黄昏、点点滴滴。这次第，怎一个、愁字了得！

　　只有经历过常人难以承受的深重愁苦，才能写出哀婉到极致的文字。就如暮雨向晚，泪浥轻花。李煜如是，纳兰容若如是，写这首词的李清照，亦复如是。

　　很多人称许这十四个叠字，精思巧构，华章绝妙，又宛若随口道来，没有丝毫的雕琢痕迹。而李清照本意就不在文字游戏，她几乎从不做什么回文诗或藏头诗。这其中每一个字都是出自她真挚的心，词写在纸上，仿佛用的不是笔墨，而是用血泪写就的。

心就像一个小小的杯子，承载了太多悲喜，溢出来，便成了诗。在此时的李清照眼中，人生只不过是一场绚烂的花事，有繁花旖旎，也有落英缤纷。正如黛玉葬花，于花谢花飞中祭奠那些生命中的美好。

有些爱，是背负一生的暖和痛。

爱情，如烟花般美好。烟花总是在绚烂过后，化作尘土，最炽热的瞬间，最夺目的光华，过眼即逝。"原上草，露初晞。旧栖新垅两依依。"当尘世的繁华散尽，一切都化作飞烟，那些呢喃低语，就变成了墓碑上铭刻的永久印记。

怀人伤己。没有这种经历的人，不会明白此时李清照的心境。

她还在寻觅，但寻来寻去，只寻到了这向晚的清冷。有首歌唱道："泪，也有温度；生命太短促，痛太清楚，才让你，让我，爱到无退路。"进一步，粉身碎骨，其实退一步，又何尝不是？有一些回忆都留在心里，退回去的时候，已是触目成伤。

双目泪盈，忧伤堆积。她曾在失去他的那一瞬，变得如纸一般脆弱，空气里弥漫着悲凉的气息。那朝朝暮暮的相守，那熟悉得不能再

熟悉的声音，骤然失落在昨夜的梦中，再也找不到。

何处合成愁？离人心上秋。只是这一别，却是生死。

这也许是她的最后一首词。

尼采在生命临近尾声时曾说：银白的，轻捷地，像一条鱼，我的小舟驶向远方。这个曾经爱过亦伤过的女子，这个刚强而多情的女子，也似带上她婉约清丽的辞章，乘舟划开了水面，驶向雾气迷蒙的远方。

在我的故乡小镇，如果老来失伴，人们会说他或她的身边丢了一个人。那种骤然而来的空落，在手边，在心里。我见过那些失去老伴的街坊邻居，不管什么时候，他们的眼中分明都写着哀伤。

就如北岛的那首诗：

我习惯了你在黑暗中为我点烟

火光摇晃，你总是悄悄地问

猜猜看，我烫伤了什么

…………

是的，我习惯了

你敲击的火石灼烫着

我习惯了的黑暗

曾经的他们，左手牵着右手，十指紧扣，要一起度过一生。而现在，那熟稔的面容，化作眼底心间一个悲伤又温暖的符号。

所以，在这样秋来夜凉的时刻，她才会想到酒。

如烈火般灼烧唇舌的酒，亦无法抵挡这晚来寒冷的疾风。

大雁飞去了，消失在远方的天际。那样的远方，又是谁的故地？很多很多熟悉的片段，又一次蓦然闪现于眼前，也许只是一扇温暖的窗影，或是一杯溢满清香的茶。

有些事，过去了很久，还以为就在昨天。

这世上很多事都会变，唯一不变的，只有回忆。

读这首词，我们望见了微醺的暮色，望见了风中的黄花，望见了黑暗中她依然轮廓优美的沉静面容。读这首词，又如一边聆听一曲缓慢的行板，一边目送雁阵的飞羽，渐渐远去。

人生的快乐，或许就在于能找到喜欢听的歌，喜欢读的书，或者，一个喜欢的人。如果心如死水，才是人生至哀。那些落寞的情绪就如崖壁上滴落的小小水珠，如此微不足道，但即使心如磐石，也会被它滴穿。

紧抿的唇，唯有沉默。她已习惯那些暗处的冷笑，或许世界本就如此。所以将自己孤独的影子，隐藏在窗子后面吧。月光照进窗棂时，仿佛有冷却的香气飘来。

梧桐细雨，点点滴滴。这样的句子，总让我回忆起用蓝黑墨水写字的少年时光。从那时起，这词句的每一笔每一划，都已铭刻在我的心上。

她就那样静静地守在那里，直到暮色渐浓，沁入她的心房。

这"卓绝千古"的词，人们总是赞赏它的美，却忽略了其中的痛。

对于此时的李清照，仿佛这冷漠的世界正在呼啸而过，几乎让她站立不稳。雨后黄昏，凄然四顾，自己已没有多年前帘卷西风时的优雅身姿，那些纷飞的菊瓣也消失不见。无尽的忧愁如丝般缠绕，也终让她破茧成蝶，成就了这人间绝唱。

这是她之幸，亦是她之不幸。

天色渐晚，一段不期而至的忧伤。空气清凉，四处静谧安好，仿若无事发生。

指尖触及冰冷的岁月，有一种无以言说的感受。黄昏依然，岁月依然，只有那不知名的忧伤，散去四处。我们都是一样的凡人，过往的悲喜起落，都藏在心灵的隐秘深处。

关上门吧，在没有风的季节里。天光已暗，只能依稀看见他的脸——她会一直等，直到整个世界都模糊不见。天遥地远，时间永恒。

　　或许，他正在那个入口，看着那些善良的灵魂，步入天国；也许他还在那里等她。等到离开纷扰尘世的那一天，去到那个无梦的天堂，在那里，再也没有哀婉的叹息，她会再次牵住爱人温暖的手，不再害怕。

附 录

李清照诗文辑录

李清照的诗文传世的不多，但大多都是精品。她的不少诗作称得上"高情壮思""雄笔奇才"，有"抑扬天地""鼓怒风云"之感，和词相比是截然不同的风格。而李清照的文章有立论新颖、见识卓然的一面（《词论》），也有沉郁温婉、怀旧伤情的一面（《〈金石录〉后序》）。在本书的末尾，特将她的诗文辑录如下，以便读者更好地去了解她。

诗

浯溪中兴颂诗和张文潜

五十年功如电扫，华清宫柳咸阳草。

五坊供奉斗鸡儿，酒肉堆中不知老。

胡兵忽自天上来，逆胡亦是奸雄才。

勤政楼前走胡马，珠翠踏尽香尘埃。

何为出战辄披靡，传置荔枝多马死。

尧功舜德本如天，安用区区纪文字。

著碑铭德真陋哉，乃令神鬼磨山崖。

子仪光弼不自猜，天心悔祸人心开。

夏商有鉴当深戒，简策汗青今具在。

君不见当时张说最多机，虽生已被姚崇卖。

又

君不见惊人废兴传天宝，中兴碑上今生草。

不知负国有奸雄，但说成功尊国老。

谁令妃子天上来，虢、秦、韩国皆天才。

花桑羯鼓玉方响，春风不敢生尘埃。

姓名谁复知安、史，健儿猛将安眠死。

去天尺五抱瓮峰，峰头凿出开元字。

时移势去真可哀，奸人心丑深如崖。

西蜀万里尚能返，南内一闭何时开。

可怜孝德如天大，反使将军称好在。

呜呼，奴辈乃不能道辅国用事张后尊，乃能念春荠长安作斤卖。

上枢密韩肖胄诗

绍兴癸丑五月，枢密韩公、工部尚书胡公使虏，通两宫也。有易安室者，父祖皆出韩公门下，今家世沦替，子姓寒微，不敢望公之车尘。又贫病，但神明未衰落。见此大号令，不能忘言，作古、律诗各一章，以寄区区之意，以待采诗者云。

三年夏六月，天子视朝久。凝旒望南云，垂衣思北狩。

如闻帝若曰，岳牧与群后。贤宁无半千，运已遇阳九。

勿勒燕然铭，勿种金城柳。岂无纯孝臣，识此霜露悲。

何必羹舍肉，便可车载脂。土地非所惜，玉帛如尘泥。

谁当可将命，币厚辞益卑。四岳佥曰俞，臣下帝所知。

中朝第一人，春官有昌黎。身为百夫特，行足万人师。
嘉佑与建中，为政有皋夔。匈奴畏王商，吐蕃尊子仪。
夷狄已破胆，将命公所宜。公拜手稽首，受命白玉墀。
曰臣敢辞难，此亦何等时。家人安足谋，妻子不必辞。
愿奉天地灵，愿奉宗庙威。径持紫泥诏，直入黄龙城。
单于定稽颡，侍子当来迎。仁君方恃信，狂生休请缨。
或取犬马血，与结天日盟。

　　　　胡公清德人所难，谋同德协必志安。

　　　　脱衣已被汉恩暖，离歌不道易水寒。

　　　　皇天久阴后土湿，雨势未回风势急。

　　　　车声辚辚马萧萧，壮士懦夫俱感泣。

　　　　闾阎嫠妇亦何知，沥血投书干记室。

　　　　夷虏从来性虎狼，不虞预备庸何伤。

　　　　衷甲昔时闻楚幕，乘城前日记平凉。

　　　　葵丘践土非荒城，勿轻谈士弃儒生。

　　　　露布词成马犹倚，崤函关出鸡未鸣。

　　　　巧匠何曾弃樗栎，刍荛之言或有益。

　　　　不乞隋珠与和璧，只乞乡关新信息。

　　　　灵光虽在应萧萧，草中翁仲今何若。

　　　　遗氓岂尚种桑麻，残虏如闻保城郭。

　　　　嫠家父祖生齐鲁，位下名高人比数。

　　　　当时稷下纵谈时，犹记人挥汗成雨。

子孙南渡今几年，漂流遂与流人伍。

欲将血泪寄山河，去洒东山一抔土。

又

想见皇华过二京，壶浆夹道万人迎。

连昌宫里桃应在，华萼楼前鹊定惊。

但说帝心怜赤子，须知天意念苍生。

圣君大信明如日，长乱何须在屡盟。

题八咏楼

千古风流八咏楼，江山留与后人愁。

水通南国三千里，气压江城十四州。

皇帝阁端午帖子

日月尧天大，璇玑舜历长。

侧闻行殿帐，多集上书囊。

皇后阁端午帖子

意帖初宜夏，金驹已过蚕。

至尊千万寿，行见百斯男。

夫人阁端午帖子

三宫催解粽，妆罢未天明。

便面天题字，歌头御赐名。

偶成

十五年前花月底，相从曾赋赏花诗。

今看花月浑相似，安得情怀似昔时。

皇帝阁春帖子

莫进黄金簟，新除玉局床。

春风送庭燎，不复用沈香。

贵妃阁春帖子

金环半后礼，钩弋比昭阳。

春生百子帐，喜入万年觞。

乌江

生当作人杰，死亦为鬼雄。

至今思项羽，不肯过江东。

分得知字

学语三十年，缄口不求知。

谁遣好奇士，相逢说项斯。

晓梦

晓梦随疏钟，飘然蹑云霞。

因缘安期生，邂逅萼绿华。

秋风正无赖，吹尽玉井花。

共看藕如船，同食枣如瓜。

翩翩坐上客，意妙语亦佳。

嘲辞斗诡辩，活火分新茶。

虽非助帝功，其乐莫可涯。

人生能如此，何必归故家。

起来敛衣坐，掩耳厌喧哗。

心知不可见，念念犹咨嗟。

春残

春残何事苦思乡，病里梳头恨最长。

梁燕语多终日在，蔷薇风细一帘香。

感怀

宣和辛丑八月十日到莱，独坐一室，平生所见，皆不在目前。几上有礼韵，因信手开之，约以所开为韵作诗。偶得"子"字，因以为韵，作感怀诗云。

寒窗败几无书史，公路可怜合至此。
青州从事孔方君，终日纷纷喜生事。
作诗谢绝聊闭门，燕寝凝香有佳思。
静中我乃得至交，乌有先生子虚子。

钓台

巨舰只缘因利往，扁舟亦是为名来。
往来有愧先生德，特地通宵过钓台。

失题

诗情如夜鹊，三绕未能安。

失题

南渡衣冠少王导，北来消息欠刘琨。

上赵挺之

何况人间父子情。

上赵挺之

炙手可热心可寒。

失题

少陵也自可怜人，更待来年试春草。

失题

南来尚怯吴江冷，北狩应悲易水寒。

咏史

两汉本继绍，新室如赘疣。

所以嵇中散，至死薄殷周。

失题

露花倒影柳三变，桂子飘香张九成。

失题

犹将歌扇向人遮。

失题

水晶山枕象牙床。

失题

彩云易散月长亏。

李清照诗文辑录

失题
几多深恨断人肠。

失题
罗衣消尽恁时香。

失题
闲愁也似月明多。

失题
直送凄凉到画屏。

失题
行人舞袖拂梨花。

文

词论

乐府声诗并著，最盛于唐。开元天宝间，有李八郎者，能歌擅天下。时新及第进士开宴曲江，榜中一名士先召李，使易服隐姓名，衣冠故敝，精神惨沮，与同之宴所，曰："表弟愿与坐末。"众皆不顾。既酒行，乐作，歌者进，时曹元谦、念奴为冠。歌罢，众皆咨嗟称赏。名士忽指李曰："请表弟歌。"众皆哂，或有怒者。及转喉发声，歌一曲，众皆泣下，罗拜曰："此李八郎也。"自后郑、卫之声日炽，流靡之变日烦，已有菩萨蛮、春光好、莎鸡子、更漏子、浣溪沙、梦江南、渔父等词，不可遍举。

五代干戈，四海瓜分豆剖，斯文道熄。独江南李氏君臣尚文雅，故有"小楼吹彻玉笙寒""吹皱一池春水"之词。语虽奇甚，所谓亡国之音哀以思者也。

逮至本朝，礼乐文武大备。又涵养百余年，始有柳屯田永者，变旧声作新声，出乐章集，大得声称于世。虽协音律，而词语尘下。又有张子野、宋子京兄弟、沈唐、元绛、晁次膺辈继出，虽时时有妙语，而破碎何足名家。至晏元献、欧阳永叔、苏子瞻，学际天人，作为小歌词，直如酌蠡水於大海，然皆句读不葺之诗尔。又往往不协音律者何耶？盖诗文分平侧，而歌词分五音，又分五声，又分六律，又分清浊轻重。且如近世所谓声声慢、雨中花、喜迁莺，既押平声韵，又押入声韵。玉楼春本押平声韵，又押上去声，又押入声。本押仄声韵，如押上声则协，如押入声，则不可歌矣。王介甫、曾子固文章似西汉，若作一小歌词，则人必绝倒，不可读也。乃知别是一家，知之者少。后晏叔原、贺方回、秦少游、黄鲁直出，始能知之。又晏苦无铺叙；贺苦少典重；秦即专主情致，而少故实，譬如贫家美女，虽极妍丽丰逸，而终乏富贵态；黄即尚故实，而多疵病，譬如良玉有瑕，价自减半矣。

《金石录》后序

右《金石录》三十卷者何？赵侯德父所著书也。取上自三代，下迄五季，钟、鼎、甗、鬲、盘、彝、尊、敦之款识，丰碑、大碣，显人、晦士之事迹，凡见于金石刻者二千卷，皆是正伪谬，去取褒贬，上足以合圣人之道，下足以订史氏之失者，皆载之，可谓多矣。呜呼，自王播、元载之祸，书画与胡椒无异；长舆、元凯之病，钱癖与传癖何殊。名虽不同，其惑一也。

余建中辛巳，始归赵氏。时先君作礼部员外郎，丞相时作吏部侍郎。侯年二十一，在太学作学生。赵、李族寒，素贫俭。每朔望谒告出，质衣，取半千钱，步入相国寺，市碑文果实。归，相对展玩咀嚼，自谓葛天氏之民也。后二年，出仕宦，便有饭蔬衣练，穷遐方绝域，尽天下古文奇字之志。日就月将，渐益堆积。丞相居政府，亲旧或在馆阁，多有亡诗、逸史、鲁壁、汲冢所未见之书，遂力传写，浸觉有味，不能自已。后或见古今名人书画，一代奇器，亦复脱衣市易。尝记崇宁间，有人持徐熙牡丹图，求钱二十万。当时虽贵家子弟，求二十万

钱，岂易得耶。留信宿，计无所出而还之。夫妇相向惋怅者数日。

后屏居乡里十年，仰取俯拾，衣食有余。连守两郡，竭其俸入，以事铅椠。每获一书，即同共勘校，整集签题。得书、画、彝、鼎，亦摩玩舒卷，指摘疵病，夜尽一烛为率。故能纸札精致，字画完整，冠诸收书家。余性偶强记，每饭罢，坐归来堂烹茶，指堆积书史，言某事在某书、某卷、第几叶、第几行，以中否角胜负，为饮茶先后。中即举杯大笑，至茶倾覆怀中，反不得饮而起。甘心老是乡矣。故虽处忧患困穷，而志不屈。收书既成，归来堂起书库，大橱簿甲乙，置书册。如要讲读，即请钥上簿，关出卷帙。或少损污，必惩责揩完涂改，不复向时之坦夷也。是欲求适意，而反取惝慄。余性不耐，始谋食去重肉，衣去重采，首无明珠、翠羽之饰，室无涂金、刺绣之具。遇书史百家，字不刓缺，本不讹谬者，辄市之，储作副本。自来家传周易、左氏传，故两家者流，文字最备。于是几案罗列，枕席枕藉，意会心谋，目往神授，乐在声色狗马之上。

至靖康丙午岁，侯守淄川，闻金寇犯京师，四顾茫然，盈箱溢箧，且恋恋，且怅怅，知其必不为己物矣。建炎丁未春三月，奔太夫人丧南来。既长物不能尽载，乃先去书之重大印本者，又去画之多幅者，又去古器之无款识者，后又去书之监本者，画之平常者，器之重大者。凡屡减去，尚载书十五车。至东海，连舻渡淮，又渡江，至建康。青州故第，尚锁书册什物，用屋十余间，期明年春再具舟载之。十二月，金人陷青州，凡所谓十余屋者，已皆为煨烬矣。

建炎戊申秋九月，侯起复知建康府。已酉春三月罢，具舟上芜湖，入姑孰，将卜居赣水上。夏五月，至池阳。被旨知湖州，过阙上殿。遂驻家池阳，独赴召。六月十三日，始负担，舍舟坐岸上，葛衣岸巾，精神如虎，目光烂烂射人，望舟中告别。余意甚恶，呼曰："如传闻城中缓急奈何。"戟手遥应曰："从众。必不得已，先弃辎重，次衣被，次书册卷轴，次古器，独所谓宗器者，可自负抱，与身俱存亡，勿忘之。"遂驰马去。途中奔驰，冒大暑，感疾。至行在，病痁。七月末，书报卧病。余惊怛，念侯性素急，奈何。病痁或热，必服寒药，疾可忧。遂解舟下，一日夜行三百里。比至，果大服柴胡、黄芩药，疟且痢，病危在膏肓。余悲泣，仓皇不忍问后事。八月十八日，遂不起。取笔作诗，绝笔而终，殊无分香卖履之意。

葬毕，余无所之。朝廷已分遣六宫，又传江当禁渡。时犹有书二万卷，金石刻二千卷，器皿、茵褥，可待百客，他长物称是。余又大病，仅存喘息。事势日迫。念侯有妹婿，任兵部侍郎，从卫在洪州，遂遣二故吏，先部送行李往投之。冬十二月，金寇陷洪州，遂尽委弃。所谓连舻渡江之书，又散为云烟矣。独余少轻小卷轴书帖、写本李、杜、韩、柳集，世说、盐铁论，汉唐石刻副本数十轴，三代鼎鼐十数事，南唐写本书数箧，偶病中把玩，搬在卧内者，岿然独存。

上江既不可往，又虏势叵测，有弟迒任敕局删定官，遂往依之。到台，守已遁。之剡出陆，又弃衣被走黄岩，雇舟入海，奔行朝，时驻跸章安，从御舟海道道之温，又之越。庚戌十二月，放散百官，遂之衢。绍兴辛亥春三月，复赴越，壬子，又赴杭。

先侯疾亟时，有张飞卿学士，携玉壶过，视侯，便携去，其实

珉也。不知何人传道，遂妄言有颁金之语。或传亦有密论列者。余大惶怖，不敢言，遂尽将家中所有铜器等物，欲走外廷投进。到越，已移幸四明。不敢留家中，并写本书寄剡。后官军收叛卒取去，闻尽入故李将军家。所谓岿然独存者，无虑十去五六矣。惟有书画砚墨，可五七簏，更不忍置他所。常在卧塌下，手自开阖。在会稽，卜居土民钟氏舍。忽一夕，穴壁负五簏去。余悲恸不已，重立赏收赎。后二日，邻人钟复皓出十八轴求赏，故知其盗不远矣。万计求之，其余遂不可出。今知尽为吴说运使贱价得之。所谓岿然独存者，乃十去其七八。所有一二残零不成部帙书册三数种，平平书帙，犹复爱惜如护头目，何愚也耶。

今日忽阅此书，如见故人。因忆侯在东莱静治堂，装卷初就，芸签缥带，束十卷作一帙。每日晚更散，辄校勘二卷，跋题一卷。此二千卷，有题跋者五百二卷耳。今手泽如新，而墓木已拱，悲夫！

昔萧绎江陵陷没，不惜国亡，而毁裂书画。杨广江都倾覆，不悲身死，而复取图书。岂人性之所著，死生不能忘之欤。或者天意以余菲薄，不足以享此尤物耶。抑亦死者有知，犹斤斤爱惜，不肯留在人间耶。何得之艰而失之易也。

呜呼，余自少陆机作赋之二年，至过蘧瑗知非之两岁，三十四年之间，忧患得失，何其多也。然有有必有无，有聚必有散，乃理之常。人亡弓，人得之，又胡足道！所以区区记其终始者，亦欲为后世好古博雅者之戒云。

绍兴二年、玄黓岁，壮月朔甲寅，易安室题。

打马赋

岁令云徂，卢或可呼。千金一掷，百万十都。尊俎具陈，已行揖让之礼；主宾既醉，不有博奕者乎！打马爱兴，樗蒲遂废。实博奕之上流，乃闺房之雅戏。齐驱骥骤，疑穆王万里之行；间列玄黄，类杨氏五家之队。珊珊佩响，方惊玉蹬之敲；落落星罗，忽见连钱之碎。若乃吴江枫冷，胡山叶飞；玉门关闭，沙苑草肥。临波不渡，似惜障泥。或出入用奇，有类昆阳之战；或优游仗义，正如涿鹿之师。或闻望久高，脱复庾郎之失；或声名素昧，便同痴叔之奇。亦有缓缓而归，昂昂而出。鸟道惊驰，蚁封安步。崎岖峻坂，未遇王良；局促盐车，难逢造父。且夫丘陵云远，白云在天，心存恋豆，志在著鞭。止蹄黄叶，何异金钱。用五十六采之间，行九十一路之内。明以赏罚，核其殿最。运指麾于方寸之中，决胜负于几微之外。且好胜者人之常情，小艺者士之末技。说梅止渴，稍苏奔竞之心；画饼充饥，少谢腾骧之志。将图实效，故临难而不回；欲报厚恩，故知机而先退。或衔枚缓进，已逾关塞之艰；或贾勇争先，莫悟阱堑之坠。皆由不知止足，自贻尤悔。况为之不已，事实见于正经；用之以诚，义必合于天德。故绕床大叫五木皆卢；沥酒一呼，六子尽赤。平生不负，遂成剑阁之师；别墅未输，已破淮淝之贼。今日岂无元子，明时不乏安石。又何必陶长沙博局之投，正当师袁彦道布帽之掷也。

辞曰：佛狸定见卯年死，贵贱纷纷尚流徙。满眼骅骝杂骕骦。时危安得真致此。老矣谁能志千里，但愿相将过淮水。

打马图序

慧即通，通即无所不达；专即精，精即无所不妙。故庖丁之解牛，郢人之运斤，师旷之听，离娄之视，大至于尧、舜之仁，桀、纣之恶，小至于掷豆起蝇，巾角拂棋，皆臻至理者何？妙而已。后世之人，不惟学圣人之道，不到圣处。虽嬉戏之事，亦得其依稀仿佛而遂止者多矣。夫博者无他，争先术耳，故专者能之。

予性喜博，凡所谓博者皆耽之，昼夜每忘寝食。但平生随多寡未尝不进者何，精而已。自南渡来流离迁徙，尽散博具，故罕为之，然实未尝忘于胸中也。

今年冬十月朔，闻淮上警报。江、浙之人，自东走西，自南走北，居山林者谋入城市，居城市者谋入山林，旁午络绎，莫卜所之。易安居士亦自临安溯流，涉严滩之险，抵金华，卜居陈氏第。乍释舟楫而见轩窗。意颇适然。更长烛明，奈此良夜乎。于是乎博奕之事讲矣。

且长行、叶子、博塞、弹棋，世无传者。打揭、大小、猪窝、族鬼、胡画、数仓、赌快之类，皆鄙俚，不经见。藏酒、摴蒲、双蹙融，近渐废绝。选仙、加减、插关火，质鲁任命，无所施人智巧。大小象戏、奕棋，又惟可容二人。独采选、打马，特为闺房雅戏。尝恨采选丛繁，劳于检阅，故能通者少，难遇劲敌。打马简要，而苦无文采。

按打马世有二种：一种一将十马者，谓之关西马；一种无将二十马者，谓之依经马。流行既久，各有图经凡例可考。行移赏罚，互有同异。又宣和间，人取二种马，参杂加减，大约交加微倖，古意尽矣。所谓宣和马者是也。

予独爱依经马，因取其赏罚互度，每事作数语，随事附见，使儿辈图之。不独施之博徒，实足贻诸好事。使千万世后，知命辞打马，始自易安居士也。

时绍兴四年十一月二十四日，易安室序。

祭赵湖州文

白日正中，叹庞翁之机捷。坚城自堕，怜杞妇之悲深。

投翰林学士綦崇礼启

清照启：素习义方，粗明诗礼。近因疾病，欲至膏肓，牛蚁不分，灰钉已具。尝药虽存弱弟，应门唯有老兵。既尔苍皇，因成造次。信彼如簧之说，惑兹似锦之言。弟既可欺，持官文书来辄信；身几欲死，非玉镜架亦安知。僶俛难言，优柔莫决。呻吟未定，强以同归。

视听才分，实难共处，忍以桑榆之晚节，配兹驵侩之下才。身既怀臭之可嫌，惟求脱去；彼素抱璧之将往，决欲杀之。遂肆侵凌，日加殴击，可念刘伶之肋，难胜石勒之拳。局天扣地，敢效谈娘之善诉；升堂入室，素非李赤之甘心。

外援难求，自陈何害，岂期末事，乃得上闻。取自宸衷，付之廷尉。被桎梏而置对，同凶丑以陈词。岂惟贾生羞绛灌为伍，何啻老子与韩非同传。但祈脱死，莫望偿金。友凶横者十旬，盖非天降；居囹

圄者九日，岂是人为！抵雀捐金，利当安往；将头碎璧，失固可知。实自谬愚，分知狱市。

此盖伏遇内翰承旨，搢绅望族，冠盖清流，日下无双，人间第一。奉天克复，本缘陆贽之词；淮蔡底平，实以会昌之诏。哀怜无告，虽未解骖；感戴鸿恩，如真出己。故兹白首，得免丹书。

清照敢不省过知惭，扪心识愧。责全责智，已难逃万世之讥；败德败名，何以见中朝之士。虽南山之竹，岂能穷多口之谈；惟智者之言，可以止无根之谤。高鹏尺鷃，本异升沈；火鼠冰蚕，难同嗜好。达人共悉，童子皆知。愿赐品题，与加湔洗。誓当布衣蔬食，温故知新。再见江山，依旧一瓶一钵；重归畎亩，更须三沐三薰。忝在葭莩。敢兹尘渎。

汉巴官铁量铭跋尾注

此盆色类丹砂。鲁直石刻云："其一曰秦刀，巴官三百五十戌，永平七年第二十七酉。"余绍兴庚午岁亲见之。今在巫山县治。韩晖仲云。

贺人孪生启

无午未二时之分，有伯仲两楷之似。既系臂而系足，实难弟而难兄。玉刻双璋，锦挑对褓。

后记

终于停笔时，心中还是有些感慨的。这一部书写来辛苦，此时唯求无愧。

李清照是我从中学开始就很喜欢的一位词人。她的词作，言浅意深，别有一番婉约味道。她的性格与经历，却又充满了争议，有人推崇备至，也有人鄙薄不屑。在今天看来，她无论从哪方面说，都称得上词史乃至古典文学史上的一位大家。

但这样一位才女，流传下来的词作仅仅只有五十首左右（具体词作多少各版本看法不一，但总数都在五十上下）。相对她取得的文学成就而言，流传下来的作品实在太少太少。很多婉约清丽的词作，现在都无缘得见了。我们只能根据这五十来首词作，去追寻她一生的足迹和心路历程，去回望那个于凄风冷雨中孤独跋涉的清秀背影。也希望通过书中的这些文章，能描摹出这位宋代乃至整个古代的"第一才女"的个性和才情。

最后，略说下书中一些须提及的事项：

一、李清照词的字句校对、典故解释，以及李清照年谱、诗词创作年代考证等，均本自王仲闻先生的《李清照集校注》和徐培均先生的《李清照集笺注》，或间有少许不同见解之处；

二、有关文中未提及的诗歌译者，《梦断漏悄，愁浓酒恼》一节中聂鲁达的诗为李宗荣先生所译（引自他所译的《二十首情诗与一支绝望的歌》），《卷起重帘留晚照》一节中里尔克的诗为冯至先生所译。所有的英文诗均为自译。

特在此注明并致敬意与谢意！

后续的写作计划和新作的部分章节将在个人公众号"淇水之南"以及知乎专栏中（知乎账号：卫淇）发布，欢迎关注。

卫淇

图书在版编目（CIP）数据

李清照：人生不过一场绚烂花事 / 卫淇著. —长沙：湖南文艺出版社，2019.9
ISBN 978-7-5404-9329-5

Ⅰ. ①李… Ⅱ. ①卫… Ⅲ. ①李清照（1084–约1151）—传记②李清照（1084–约1151）—宋词—诗歌欣赏 Ⅳ. ①K825.6②I207.23

中国版本图书馆CIP数据核字（2019）第138223号

上架建议：诗词鉴赏/人物传记

LI QINGZHAO:RENSHENG BUGUO YI CHANG XUANLAN HUASHI
李清照：人生不过一场绚烂花事

作　　者：卫　淇
出 版 人：曾赛丰
责任编辑：薛　健　刘诗哲
监　　制：于向勇　秦　青
策划编辑：楚　静
营销编辑：刘晓晨　刘　迪　初　晨　王　凤
封面设计：利　锐
版式设计：潘雪琴
封面主图：周　尔
内文插图：樂　兮　龙轩静
出　　版：湖南文艺出版社
　　　　　（长沙市雨花区东二环一段508号　邮编：410014）
网　　址：www.hnwy.net
印　　刷：三河市中晟雅豪印务有限公司
经　　销：新华书店
开　　本：875mm×1270mm　1/32
字　　数：260千字
印　　张：8.5
版　　次：2019年9月第1版
印　　次：2019年9月第1次印刷
书　　号：ISBN 978-7-5404-9329-5
定　　价：42.00元

若有质量问题，请致电质量监督电话：010-59096394
团购电话：010-59320018